U0602639

内河船舶轮机设备操作与管理

主　编　胡建华　胡定爱　杨　海
副主编　杨　辉　陈　育　王进峰　唐万军
主　审　李守国　李贞惠

大连海事大学出版社
DALIAN MARITIME UNIVERSITY PRESS

Ⓒ 胡建华　胡定爱　杨　海 2022

图书在版编目（CIP）数据

内河船舶轮机设备操作与管理／胡建华,胡定爱,
杨海主编. — 大连：大连海事大学出版社，2022.10
ISBN 978-7-5632-4310-5

Ⅰ. ①内… Ⅱ. ①胡… ②胡… ③杨… Ⅲ. ①内河船
—轮机—操作②内河船—轮机管理 Ⅳ. ①U676.4
中国版本图书馆 CIP 数据核字（2022）第 194125 号

大连海事大学出版社出版

地址：大连市黄浦路523号 邮编：116026 电话：0411-84729665（营销部） 84729480（总编室）
http://press.dlmu.edu.cn E-mail：dmupress@ dlmu.edu.cn

大连天骄彩色印刷有限公司印装　　　　　　大连海事大学出版社发行

2022 年 10 月第 1 版　　　　　　　　　2022 年 10 月第 1 次印刷
幅面尺寸:184 mm×260 mm　　　　　　　　　印张:11.25
字数:271 千　　　　　　　　　　　　　印数:1~500 册

出版人:刘明凯

责任编辑:沈荣欣　　　　　　　　　　　责任校对:杨　洋
封面设计:张爱妮　　　　　　　　　　　版式设计:张爱妮

ISBN 978-7-5632-4310-5　　定价:51.00 元

《内河船舶轮机设备操作与管理》
工学一体化教材编委会

主　任:赵建国

副主任:何　江　程　驰　陈家祥　唐万军

　　　　钟旅川　宋　娟　张光平　李贞惠

委　员:胡建华　胡定爱　杨　海　杨　辉

　　　　陈　育　王进峰

前 言

为进一步提升内河船舶船员培训质量,提高船员实操能力,打造高素质船员队伍,根据《中华人民共和国船员条例》《中华人民共和国船员培训管理规则》,交通运输部组织编制了《内河船舶船员适任培训和考试大纲(2019版)》。为满足内河船舶轮机管理专业学员学习和考取适任培训合格证书的需求,重庆万州技师学院组织骨干教师对长江内河企业进行广泛调研,对内河船舶轮机设备操作和管理的要点与一线船员进行了深入的研讨,并在此基础上,以学校船舶轮机综合实训室的教学实训设备为对象编写了本教材。本教材内容符合《内河船舶船员适任培训和考试大纲(2019版)》的要求,并符合船上工作实际。

本教材按照工学一体化教学要求,采用理实一体、任务驱动的模式编写。为了培养学生的职业能力,我校将理论教学与实践认知作为一个整体,根据职业培养要求制订教学计划与大纲,构建职业能力整体培养目标体系,并通过各个教学环节的落实来确保整体培养目标的实现。

本教材的表述尽量通俗易懂。通过对本教材的学习,学生可以尽快掌握应知应会的理论知识,从而领悟"学会认知、学会做事、学会学习、学会共处"的教学理念,学生既能掌握必备的理论知识和操作技能,又能自觉地将所学理论与实际紧密结合。同时,"双师型"教师把专业理论与生产实训有机地结合起来,高效率地教会学生知识,形成学生乐学、教师愿教、教学相长的良好局面。

本教材内容涉及船舶主动力机械(主机、轴系等)、辅助机械(舵机、泵系、空压机、锚机、辅锅炉等)、电站、防污染设备的操作与管理。其中船舶主动力机械(主机、轴系等)由胡建华老师负责编写和修改,辅助机械(舵机、泵系、空压机、锚机、辅锅炉等)、船舶电站的操作与管理由胡建华、胡定爱、杨海、陈育、杨辉老师负责编写,防污染设备的操作与管理由胡建华、杨海老师编写。本书由胡建华、胡定爱、杨海主编,李守国、李贞惠主审。参加编写的还有杨辉、陈育、王进峰、唐万军老师。

教材在编写过程中得到了海事局领导和专家的关心和指导,相关部门对教材也提供了热情的帮助和支持,在此一并表示感谢。由于编者水平有限,加上时间仓促,书中难免有疏漏之处,敬请读者和专家批评指正。

目　录

项目一

船舶主柴油机的操作与管理

 学习目标

1. 能掌握四冲程柴油机和二冲程柴油机的工作原理;
2. 能完成柴油机起动的前备车工作,能独立起动柴油机;
4. 能管理定速后船舶柴油机的各系统;
5. 能对修理后的柴油机进行检验和调试;
6. 能独立完成船舶主柴油机停车、完车操作;
7. 能管理船舶主柴油机的各系统;
8. 能管理船舶主柴油机的主要机件。

 建议学时

30 学时。

 工作情景描述

　　船舶主柴油机,简称为船舶主机,是带动减速齿轮箱、轴系、螺旋桨和推动船舶运动能量的提供者。根据工作原理不同,船舶主机分为二冲程柴油机和四冲程柴油机,内河船舶大多采用四冲程柴油机。船舶动力装置的类型一般都是以主机的结构形式来命名。轮机部工作人员一定要加强对船舶主柴油机的维护与管理,保证船舶随时处于适航状态。

学习导入与热身

1. 简介及应用

船舶主机大部分时间是在满负荷情况下工作的,有时在变负荷情况下运转。船舶经常在颠簸中航行,所以船舶主机应能在纵倾 15°~25° 和横倾 15°~35° 的条件下可靠工作。大多数船舶采用增压柴油机,小功率非增压柴油机仅用在小艇上。

低速柴油机多数为二冲程柴油机,中速柴油机多数为四冲程柴油机,而高速柴油机则两者皆有。船用二冲程柴油机的扫气形式有回流扫气、气口–气阀式直流扫气和对置活塞式气口扫气。大功率中、低速柴油机广泛采用重油作为燃料,高速柴油机仍多用轻柴油作为燃料。

2. 二冲程柴油机简介

通过活塞的两个冲程完成一个工作循环的柴油机称为二冲程柴油机,二冲程柴油机完成一个工作循环只需曲轴转一周,即 360°。

二冲程柴油机与四冲程柴油机基本结构相同,主要差异在配气机构方面,其结构如图 1-1 所示。二冲程柴油机没有进气阀,用气缸套下部开设的扫气口来代替。有的连排气阀也没有,也是在气缸套下部开设排气口代替,或设扫气口与排气阀机构。二冲程柴油机专门设置了一个扫气泵及储存压力空气的扫气箱,利用活塞对气口的控制完成配气,从而简化了柴油机结构。

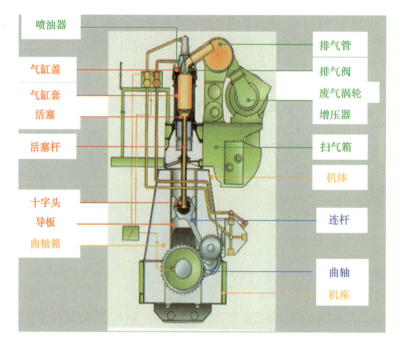

图 1-1　二冲程柴油机结构图

3.四冲程柴油机工作原理

柴油机的工作是由吸气、压缩、燃烧和膨胀、排气这四个冲程来完成的,这四个冲程构成了一个工作循环。曲轴回转两周,即活塞运行四个行程才能完成一个工作循环的柴油机称为四冲程柴油机。图1-2、1-3所示为四冲程柴油机及其结构图。

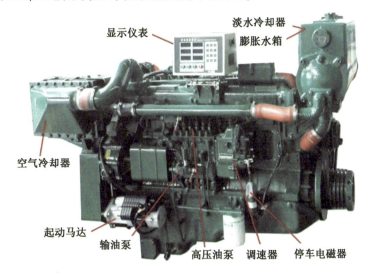

图 1-2　四冲程柴油机

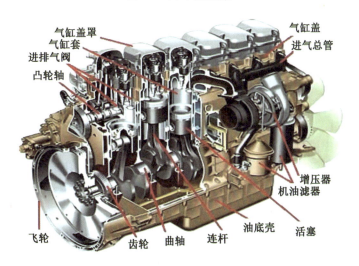

图 1-3　四冲程柴油机结构图

如图1-4所示的四个简图分别表示柴油机工作循环四个冲程进行的情况及活塞、连杆、曲柄位置的相应变化情况,对应的 p-V 图表示气缸内气体压力随气缸容积的变化情况。

第一冲程:进气冲程

这一冲程的任务是让气缸内充满新鲜空气。进气冲程开始时,活塞从上止点向下运动,这时进气阀a已经打开,排气阀b关闭。随着活塞下行,气缸容积增大,缸内压力下降,低于外界大气压力,利用气缸内外的气压差作用,新鲜空气经进气阀进入气缸。由于受流阻等影响,在进气过程的大部分时间里,气缸内压力低于大气压力,到下止点时,缸内气压为 0.08 ~

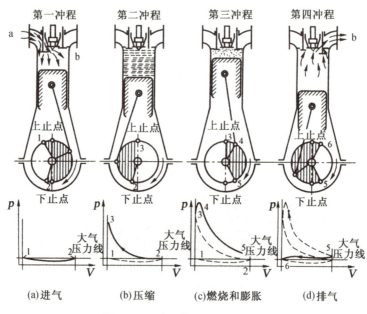

图1-4　四冲程柴油机工作原理

0.095 MPa,温度为30~70 ℃。这时,排气阀和喷油器均关闭。

　　为了使柴油机做功更完善,必须在进气过程中尽可能多地吸入新鲜空气。为此,整个进气过程是超过180°曲轴转角的,即曲柄位于点1时进气阀开始打开,曲柄位于下止点后的点2时进气阀才完全关闭。进气阀开启始点至上止点的曲轴转角称作进气提前角。进气阀提前开启的目的是让新鲜空气进入气缸时,进气阀已有足够的开度,可减小进气的阻力。下止点到进气阀关闭位置的曲轴转角称作进气延迟角。进气阀延迟关闭的目的是利用进气的流动惯性,尽可能多地向气缸内充入新鲜空气。整个进气过程所占的总角度 φ_{1-2}(图中阴影线所示的角度)约为220°~250° CA(曲轴转角,下同)。进气热力过程变化见图1-4(a)中1—2曲线。

　　第二冲程:压缩冲程

　　此冲程的任务是提高缸内新鲜空气的压力及温度,为喷入气缸的燃油自行着火燃烧及燃气膨胀做功创造条件。活塞从下止点向上运动,自进气阀 a 关闭(曲柄到达点2)时开始压缩,一直到活塞到达上止点(曲柄到达点3)为止。活塞上行,气缸容积减小,缸内气体压力和温度随之升高,到达压缩终点时,压力增高到3~4.5 MPa,温度升至600~700 ℃(柴油的自燃温度为270 ℃左右),通常压缩终了的气体压力和温度分别用 p_c 和 T_c 表示。压缩过程总角度 φ_{2-3} 约为140°~160° CA。压缩热力过程变化见图1-4(b)中2—3曲线。

　　四冲程柴油机当进气阀完全关闭瞬时的气缸容积与压缩容积之比值称为有效压缩比。

　　第三冲程:燃烧和膨胀冲程

　　本冲程将完成两次能量转换,是柴油机对外做功的冲程。在活塞到达上止点前,燃油经喷油器 c 以雾状喷入气缸内的高温高压空气中,并与其混合,在上止点附近自燃,在上止点后的某一时刻(曲柄位于点4)燃烧基本结束。由于燃油的强烈燃烧,使气缸内气体温度迅速上升到1 400~1 800 ℃或更高,压力增加至5~8 MPa,甚至13 MPa以上。燃烧产生的最高压力称最高爆发压力,用 p_{max} 表示,最高温度用 T_{max} 表示。高温高压燃气(即工质)推动活塞下行膨胀做功。到下止点前点5排气阀 b 开启时膨胀过程结束。膨胀终了时气缸内气体压力 p_b 约为 0.25~0.45 MPa,温度 t_b 约为 600~700 ℃。燃烧膨胀过程所占的总角度 φ_{3-4-5} 约为 130°~160° CA,其热力过程变化如图 1-4(c)中 3—4—5 曲线。

第四冲程:排气冲程

此冲程的任务是尽可能充分地将做功后的废气排出气缸。排气阀也是提前开启,延迟关闭。排气阀 b 开启时,活塞尚在下行,废气靠气缸内外压力差进行自由排气。当活塞从下止点上行时,废气被活塞推挤出气缸,此时排气过程是在略高于大气压力(约 1.05~1.1 倍大气压),且在压力基本不变的情况下进行的。排气阀一直延迟到活塞到达上止点之后(曲柄位于点 6)才关闭,这样可利用气流的惯性作用,继续排出一些废气。从排气阀开启到下止点的曲轴转角称作排气提前角。上止点到排气阀关闭时的曲轴转角称作排气延迟角。排气冲程所占的总角度 φ_{5-6} 约为 210°~240° CA,其热力过程变化如图 1-4(d)中 5—6 曲线。

进行了上述四个冲程,柴油机就完成了一个工作循环,如此循环往复使柴油机得以连续运转。

 工作流程与活动

1.船舶柴油机起动前的准备和检查。

2.船舶柴油机起动操作的工作步骤。

3.船舶柴油机定速后的系统管理。

4.船舶主柴油机修理后的检验和调试。

5.主柴油机降速运行的操作与管理。

6.船舶主柴油机停车、完车操作。

7.船舶主柴油机各系统的管理。

8.船舶主柴油机主要机件管理。

9.工作总结与评价。

学习任务 一
船舶柴油机起动前的准备和检查

 学习目标

1. 掌握船舶柴油机备车;
2. 掌握压缩空气起动船舶柴油机备车前的准备工作。

 训练设备

船舶轮机综合实训室主推进动力装置操作区 6200ZC、6170 主柴油机。

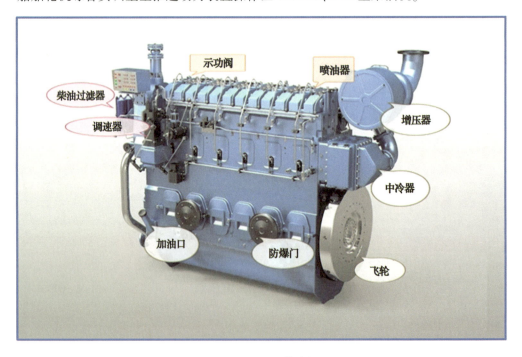

图 1-5　6200ZC 柴油机

工作情景描述

1. 船舶柴油机备车的目的

备车是指在船舶开航前,为保证船舶动力装置及相关设备处于随时都能起动和投入运行的状态而进行的一系列准备工作。备车的主要目的是保证船舶动力装置处于随时可起动和运行状态。

2. 船舶柴油机备车的要求

船舶在开航前,驾驶台通知机舱值班人员备车,备车时间一般为 10~30 min。备车是一项系统性工作,涉及的工作内容多、技术含量高,值班人员应在轮机长、轮机员的指导下,根据岗位职责和备车操作规程,协同配合,按系统进行准备,严防漏操作和误操作。

 课堂训练内容

1. 暖机

大型柴油机的暖机是指通过辅机的冷却水预先加热柴油机冷却水和利用加热器加热润滑油的温度,以提高柴油机温度和润滑各运动部件的过程。

内河中小型主柴油机的暖机是柴油机在低速低负荷的情况下,逐渐通过自身的热量达到暖机。

2. 各系统的准备

各系统阀门除开关正确外,还应注意:
(1)燃油系统,检查日用油柜油位,并排放残水;
(2)润滑系统,检查循环油柜油位,起动备用油泵压油;
(3)冷却系统,检查膨胀水箱水位;
(4)起动压缩空气系统,排放空气瓶残水并保持规定气压。

3. 检查

打开示功阀检查。
检查轴系有无卡阻和障碍物。

4. 盘车

盘车 2 圈以上,确认运转自如后,再打开空气起动阀或电力起动开关,用压缩空气或电力转动主机数转,观察示功阀内是否有水分或燃油冲出现象,若有水分或燃油冲出,则必须找出原因并消除之。

训练步骤

1. 指导教师介绍 6200ZC、6170 主柴油机的特点(图 1-5)。

2. 指定学员进行燃油系统油位检查、放残水(图 1-6)。

3. 指定学员进行润滑系统油位检查、预供油(图 1-7)。

4. 指定学员检查膨胀水箱的水位,若不足,补水,并叙述膨胀水箱的作用。

5. 指定学员检查、起动压缩空气系统、空气瓶放残水、检查气压。

6. 指导学员打开、检查示功阀(图 1-8)。

7. 指导学员检查轴系有无障碍、刹车是否松开(图 1-9)。

8. 指导学员人力盘车、讲解飞轮的作用及刻度(图 1-12)。

9. 指导教师示范,冲车检查缸内有无水分和燃油,冲车后关闭示功阀(图 1-8)。

图 1-6 放残水

图 1-7 预供油

图 1-8 打开示功阀

图 1-9 松刹车

图 1-10　手动压油

图 1-11　正确开关阀门

图 1-12　盘车

 课堂组织

1.事先对学员按 5 人为 1 组进行分组。

2.各小组派代表进行课堂发言、示范与交流。

3.按分组情况派代表叙述学习成果,说明本次任务完成情况,并对本小组进行分析总结。

4.指导教师对各组操作进行现场点评。

练习与思考

1.主柴油机 6200ZC 的结构特点有哪些?

2.船舶柴油机备车的目的是什么?

3.压缩空气起动柴油机备车前的准备工作有哪些?

学习任务 二
船舶柴油机的起动操作

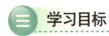 **学习目标**

能掌握船舶柴油机起动操作。

训练设备

船舶轮机综合实训室主推进动力装置操作区 6200ZC、6170 主柴油机。

工作情景描述

主柴油机的起动必须在值班轮机员的指导下进行。如果操作不当会造成柴油机不能起动,更有可能造成飞车事故,导致柴油机的损坏。

课堂训练内容

1.备车工作完备后,关闭气缸示功阀,并认识气缸示功阀,如图 1-13 所示。

图 1-13 气缸示功阀

2.打开压缩起动空气阀,将操纵手柄推向起动位置以起动机器,并认识空气起动马达,如图 1-14 所示。

图1-14　空气起动马达

3. 如系电力起动者,推上闸刀接通电源按动电钮开关以起动机器,但必须注意每次起动时间不得过长,以防起动电动机过热烧毁,起动成功后应及时切断电源。

4. 起动操作要熟练迅速,并防止飞车,起动后即将手柄推向运转位置。

5. 机器起动后,立即检查各仪表指示数字,如图1-15所示为润滑油压力表。

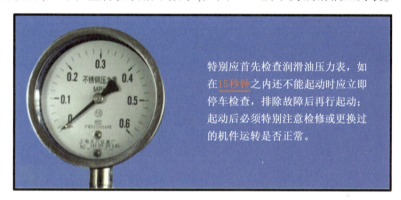

特别应首先检查润滑油压力表,如在15秒钟之内还不能起动时应立即停车检查,排除故障后再行起动;起动后必须特别注意检修或更换过的机件运转是否正常。

图1-15　润滑油压力表

6. 主机起动后必须经过低速运转,有两部主机合车而无离合器者,应采取一倒一顺,每隔几分钟后再互换运转,以免船身向前或向后移动。待主机运转状态正常后,才能逐渐增加转速。

7. 回铃的注意事项。

训练步骤

1. 指导教师将燃油油门置于起动位置,扳动起动手柄(或按下起动按钮)起动柴油机进行试车。

2. 指导老师仔细阐述回铃操作的重要性。

3. 试车完毕待一切正常后,接通遥控,向驾驶台回车钟,表示机舱已进入能随时开航的待命状态。

课堂组织

1. 事先对学员按 5 人为 1 组进行分组。
2. 各小组派代表进行课堂发言、示范与交流。
3. 按分组情况派代表叙述学习成果,说明本次任务完成情况,并对本小组进行分析总结。
4. 指导教师对各组操作进行现场点评。

练习与思考

1. 船舶主机起动一般需要多长时间?
2. 船舶主机起动后要特别关注什么?

学习任务 三
船舶柴油机定速后的系统管理

学习目标

1. 能掌握柴油机运转中的参数及监视点的正常范围;
2. 能对运转中柴油机的冷却水系统的参数进行调整;
3. 能对运转中柴油机的润滑油系统的参数进行调整;
4. 能对运转中柴油机的燃油系统的参数进行调整;
5. 能独立完成柴油机定速后的巡回检查工作。

训练设备

船舶轮机综合实训室主推进动力装置操作区 6200ZC、6170 主柴油机,各种通用工具。

工作情景描述

船舶柴油机定速运转后,轮机人员通过能显示柴油机工作状态和运转性能好坏的监视点和监测参数来操作、管理柴油机,以使其安全、可靠、高效运行。

课堂训练内容

训练内容 1:运转中的监测参数及监视点

1. 监视点

(1)日用燃油柜的存油情况(油位玻璃管 1/2~2/3)。

(2)油底壳(或循环油柜)的润滑油存量。

(3)膨胀水箱的水位:1/2~3/4 玻璃管水位处。

(4)排气烟色:

正常颜色为淡灰色;

排烟呈蓝色表明含有机油；

排烟呈白色表明含有水分；

排烟呈黑色表明后燃严重。

(5)管系：是否有泄漏；连接和固紧装置有无松动。

(6)轴系：轴承温度，润滑油位、油量，有无撞击声等。

2. 监视参数

(1)压力参数：包括滑油压力、柴油压力、冷却水压力、起动空气压力、增压压力等；

(2)温度参数：包括滑油温度、冷却水温度、单缸排温、排气总管温度等；

(3)转速参数：主机转速、增压器转速、传动轴转速等应平稳。

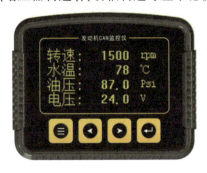

图1-16 监控仪

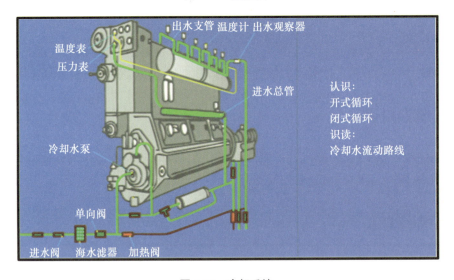

图1-17 冷却系统

训练内容2：运转中冷却水系统的参数监测和调整

(1)冷却淡水的温度：冷却淡水的出口温度应不高于65～80 ℃；进、出口温差≤12 ℃；海水出口温度≤45 ℃。

(2)要注意检查主机膨胀水箱的水位是否在规定范围之内(1/2～3/4 玻璃管水位处)，不足则及时补水。若水消耗过大，水位下降速度过快，则必须立即查看冷却水泄漏的原因并予以消除。

（3）要注意查看主机膨胀水箱的透气管是否有大量气体逸出，气体是否有烟气味道；经常观察冷却水的回水是否有气泡，如有，则说明气缸盖、气缸套、垫片等可能有裂纹，应立即找寻原因采取措施。

（4）要注意冷却淡水的压力，并要求其压力稍高于冷却海水的压力。

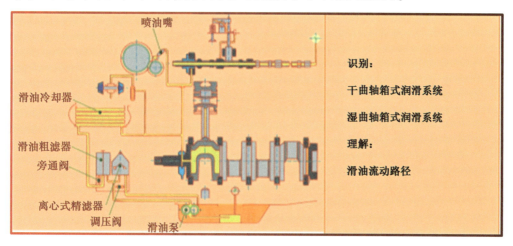

图 1-18　润滑系统

训练内容 3：运转中润滑系统的参数监测和调整

（1）要特别注意检查主机润滑油的压力。

可通过调压阀来调节滑油压力。

润滑油压力的调整方法：通过调整机油过滤器入口处的调节螺钉来调整润滑油压力，用扳手拧松锁紧螺母，用螺丝刀调整调节螺钉（拧入油压升高，拧出油压下降）。

运转中的柴油机的滑油压力一般为 0.15～0.4 MPa。

滑油压力应高于冷却水压力，以防冷却水漏入滑油系统。

还应注意滤器前后的压差是否正常，如果滤器前后的压差过大（超过 0.1 MPa 就要清洗滤器），则说明滤器被脏物堵塞，应立即转换滤器并进行清洗。

滤器清洗后要排除空气才能接入系统使用。

（2）要注意检查主机润滑油的温度。

柴油机运转中，滑油进口温度一般应保持在 30～50 ℃，不允许超过 65 ℃，进出滑油冷却器的温差为 10～15 ℃。

滑油温度可通过滑油冷却器的旁通阀来进行调节，开大旁通阀油温就升高，关小旁通阀油温就降低。

（3）要经常注意检查主机循环柜（油底壳）滑油的油位。

如发现油位很快下降，则说明有漏泄之处；如发现油位升高，则说明水或燃油漏入曲轴箱，此时应结合膨胀水箱的水量消耗情况加以判断，尽快查明原因并加以消除。

（4）柴油机起动后应经常用手触摸曲轴箱道门温度，从而判断轴承等工作是否正常，油路是否堵塞。

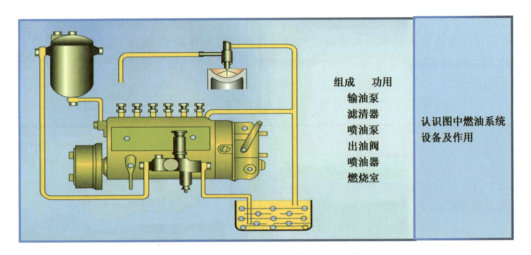

组成　功用
输油泵
滤清器
喷油泵
出油阀
喷油器
燃烧室

认识图中燃油系统设备及作用

图 1-19　燃油系统

训练内容 4：燃油系统的参数监测和调整

（1）注意检查燃油的压力值，超过规定值时，可通过调压阀来控制油压。

（2）定期对燃油沉淀柜、日用油柜放残水，随时注意并补充日用油柜的燃油。

（3）应定期清洗燃油滤器，清洗后要充满燃油，将空气排出，以免造成燃油中断。应特别注意燃油滤器前后的压差。当压差过大时，应更换滤器，如脏污则立即进行清洗，以备随时换用。

（4）应保证燃油的雾化质量和燃烧过程的正常进行。

（5）经常检查喷油泵和喷油器的温度，检查高压油管的脉动情况。必须注意喷油泵和喷油器的工作状态。除定期进行检查和调整外，在值班时还应经常检查喷油泵、喷油器的工作状态，检查高压油管的脉动情况。也可通过触摸高压油管，结合排气温度，再根据表 1-1、1-2、1-3大致判断燃油喷射设备的工作情况，并采取相应的处理措施。

表 1-1　高压油管脉动情况和排气温度，发生变化时的处理措施

序号	现象	可能原因	处理措施
1	某缸高压油管脉动强烈且排温高	供油量过大	减小该缸供油量
2	某缸高压油管脉动强烈且排温低	高压滤器或喷油器针孔堵塞	清洗滤器，疏通喷孔
3	某缸高压油管脉动微弱且排温高	喷油器弹簧断裂或喷孔磨损变大	检修喷油器
4	某缸高压油管脉动微弱且排温低	供油量过小	增大该缸供油量

表 1-2　爆发压力和排气温度、发生变化时的处理措施

序号	现象	可能原因	处理措施
1	某缸爆发压力、排气温度均高	供油量过大	减小该缸供油量
2	某缸爆发压力、排气温度均低	供油量过小	增大该缸供油量
3	某缸爆发压力高、排气温度低	喷油提前角大	减小该缸供油提前角
4	某缸爆发压力低、排气温度高	喷油提前角小	增大该缸供油提前角

表 1-3　热力参数规定的不均匀度

热力参数	压缩压力/MPa	爆发压力/MPa	排气温度/℃
≤规定不均匀度%	±2.5	±4	±5(高速增压机±8)

训练内容 5：柴油机定速后的巡回检查工作内容

（1）检查主机运行的各仪表参数，如压力、温度、转速值等，必要时进行调整。

（2）检查主机循环柜滑油油位，必要时进行补充，并注意油量的消耗和油质的检查。

（3）检查膨胀水箱的水位，并注意水量的消耗。

（4）经常注意倾听各运动部件有无不正常的响声，经常用手触摸曲轴箱道门和各轴承的温度及变化情况，以检查运动机件有无异常的过热现象。

（5）检查增压器运转有无不正常的噪声，检查高压油管的脉动情况和各缸排气温度，各缸排气温度应符合说明书的规定，检查各缸排气温差，各缸排气温差不应超过规定的最大范围。

（6）注意检查调速器的工作温度和油位。

（7）主机附属设备如水泵、油泵、滤器、冷却器等的工作情况。

（8）必要时打开示功阀，观察各缸燃烧情况。

（9）每隔 2 h 将柴油机运行参数记入轮机日志。

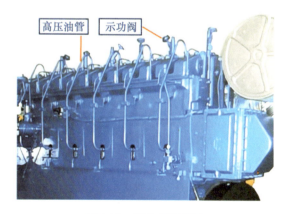

图 1-20　柴油机局部图

🔲 训练步骤

1. 阅读轮机日志,指导老师根据轮机日志要求记载内容讲解轮机日志记载规范。

2. 指导老师根据轮机日志要求记载内容讲解轮机日志的各监测参数及监视点的正常范围及注意事项。

3. 指导老师要求学生阅读说明书,并根据说明书的要求学习对滑油压力的监测及调整:柴油机起动后,立即检查机油压力表的读数是否符合说明书规定;如在 15 s 内没有油压,应该立即停车检查。润滑油压力的调整方法:通过调整机油过滤器入口处的调节螺钉来调整润滑油压力,用扳手拧松锁紧螺母,用螺丝刀调整调节螺钉(拧入油压升高,拧出油压下降)。

4. 指导老师要求学生阅读说明书,并根据说明书的要求学习对滑油温度的监测及调整:机油温度应小于最高规定值。机油温度过低或过高时,通过调整机油冷却器的冷却水进水阀开度来达到合适的机油温度。

5. 指导老师要求学生阅读说明书,并根据说明书的要求学习对冷却水温度的监测及调整:表的正常值保持在该机型说明书规定温度范围。通过增大淡水冷却器旁通阀的开度,冷却水温度升高,减小淡水冷却器旁通阀的开度,冷却水温度降低。

6. 指导老师要求学生阅读说明书,并根据说明书的要求学习对冷却水压力的监测及调整:检查冷却水压力表或冷却水观察孔出水情况,通过调整进水阀的开度大小来调整水压,确保冷却水正常。

🔲 课堂组织

1. 事先对学员按 5 人为 1 组进行分组。

2. 各小组派代表进行课堂发言、示范与交流。

3. 按分组情况派代表叙述学习成果,说明本次任务完成情况,并对本小组进行分析总结。

4. 指导教师对各组操作进行现场点评。

🔲 练习与思考

1. 运转中的监测参数及监视点有哪些?各监测参数的正常范围值分别是多少?

2. 如何监测和调整运转中冷却水系统的参数?

3. 如何监测和调整运转中润滑系统的参数?

4. 如何监测和调整燃油系统的参数?

5. 柴油机定速后的巡回检查工作内容包括哪些?

学习任务 四
船舶主柴油机修理后的检验和调试

 学习目标

1. 能熟知船舶修理后机座、地脚螺栓及垫片的技术要求；
2. 能熟知船舶修理后机架及贯穿螺栓的检验要求；
3. 能熟知船舶修理后气缸盖及其阀件的检验要求；
4. 能熟知船舶修理后气缸及气缸套的检验要求；
5. 能熟知船舶修理后活塞、活塞销及连杆的检验要求；
6. 能熟知船舶修理后曲轴及轴承的检验要求；
7. 能熟知船舶修理后主柴油机起动、换向和操纵机构的检验要求；
8. 能独立完成刻印主柴油机飞轮上某缸上止点记号的工作；
9. 能熟知船舶主柴油机喷油泵的主要调整项目；
10. 能独立调整船舶柴油机供油零位；
11. 能用断油法检查各缸供油量不均匀的工作；
12. 能调整掌握组合式喷油泵供应量的工作；
13. 能试验与调整掌握喷油器的工作。

 训练设备

船舶轮机综合实训室主推进动力装置操作区 6200ZC、6170 主柴油机、各种通用工具。

 工作情景描述

船舶主柴油机在运行中和经修理后,作为轮机管理人员要掌握对各设备的检查要点、检验要求和调整,能对修理后的参数进行适当的调整,确保柴油机的正常运行。学员应认真学习操作步骤和观看指导教师的示范操作,并学会操作。

▦ **课堂训练内容及步骤**

训练内容 1：机座、地脚螺栓及垫片的检验

（1）机座有无裂纹、变形、损伤、腐蚀等缺陷。

（2）机座与基座的连接情况。锤击检查其连接螺栓有无松动或裂断，机座垫片和螺栓安装是否牢固。

（3）主机机座紧配螺栓的数量，应不少于总数的 15%，且不少于 4 个。

（4）主机垫片应为整块拂磨垫片，机座垫片的厚度，单机额定功率大于 220 kW 的主机，其钢质垫片一般不小于 12 mm，铸铁垫片一般不小于 20 mm；单机额定功率等于或小于 220 kW 的主机，其钢质垫片一般不小于 10 mm，铸铁垫片一般不小于 16 mm。垫片与机座和基座的接触面积应不少于 60%，并均匀接触。

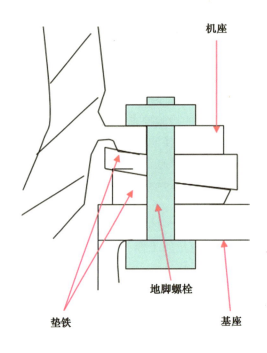

图 1-21　基座与机座的连接

（5）机座主轴承座孔与下轴瓦外圆背面的接触贴合面积应大于 75%，用 0.05 mm 的塞尺检查不能插入。

（6）在机座定位后，地脚螺栓未拧紧前，金属垫片与基座和机座的结合平面应紧密接触，用 0.05 mm 的塞尺检查不能插入。

训练内容 2：机架及贯穿螺栓的检验

（1）机架有无裂纹、变形、损伤、腐蚀等缺陷。

（2）机架与机座和气缸体的连接情况,锤击检查其连接螺栓有无松动或裂断。

（3）贯穿螺栓有无松动或裂断。贯穿螺栓的预紧力应均匀,必要时应重调预紧度。

（4）机架与机座和气缸体之间的结合情况,其结合面应紧密贴合。

训练内容 3:气缸盖及其阀件的检验

（1）气缸盖阀孔周围及各连接凸缘有无裂纹、烧蚀、凹凸不平及漏水等缺陷。

（2）冷却水腔的积垢和腐蚀情况。

（3）进气阀、排气阀、起动空气阀、安全阀及喷油器等有无裂纹和损伤。

（4）安全阀开启压力应不大于 1.25 倍最大爆发压力。

训练内容 4:气缸及气缸套的检验

（1）气缸体及其外部加强筋有无裂纹和其他缺陷。

（2）气缸套工作表面及其支撑肩上、下端面及圆角处,有无裂纹、擦伤、砂眼、疏松等缺陷。

（3）查看气缸套磨损测量记录,如磨损量超过规定值,以及缸套上部存在变形、拉缸、拉槽等缺陷,必须修复或换新。

（4）审阅活塞与气缸套的间隙测量记录,如超过规定值,应视具体情况修复或换新。

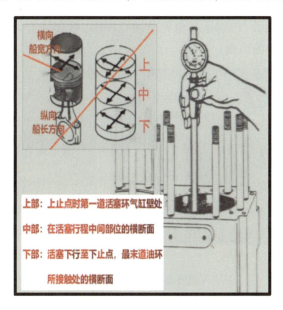

图 1-22　气缸检查

训练内容 5:活塞、活塞销及连杆的检验

（1）活塞头部、活塞环槽、活塞销孔周围、活塞裙部等处不允许有烧伤、裂纹、擦伤及较大的砂眼、疏松等缺陷。活塞内部加强筋不允许有裂纹。查看活塞裙部外圆和活塞环槽磨损测量记录,如超过规定值,必须修理或换新活塞。

（2）活塞销、销孔及销孔衬套不允许有裂纹、擦伤和过热等缺陷。必要时活塞销应进行无损探伤检查。查看活塞销及其与销孔、衬套的间隙磨损测量记录,如超过规定值,活塞销、销孔及销孔衬套必须修理或换新。活塞销外圆的磨损,允许采用镀铬方法修理。

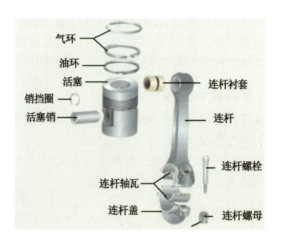

图 1-23　活塞连杆组件

（3）连杆有无裂纹、变形，必要时应进行无损探伤检查。

（4）连杆螺栓有无伸长、裂纹、变形、滑丝现象，必要时应进行无损探伤检查。

训练内容 6：曲轴及轴承的检验

（1）主轴颈、曲柄销表面，特别是圆角处及油孔周围，不允许有裂纹、擦伤、蚀坑、刻痕，必要时应对轴颈进行无损探伤检查。

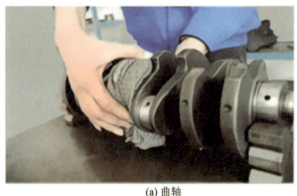

(a) 曲轴

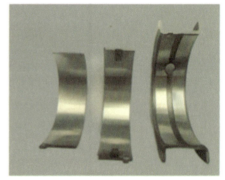

(b)滑动式主轴承

图 1-24　曲轴和轴承

（2）曲轴的轴颈与曲柄臂红套配合处，不允许有松弛或位移，如果曲轴是由各个曲柄用法兰连接而成的，应检查螺栓与法兰连接的紧固程度。曲轴装有平衡重块时，应检查其紧固是否牢靠。

（3）活塞行程等于或大于 200 mm 的柴油机，应在冷态下测量曲轴臂距差。

（4）主轴颈、曲柄销的圆度和圆柱度，其磨损极限超过其规定数值时，应予修理。

（5）对曲轴进行光车前，应取得验船部门的同意。

（6）主轴承和连杆轴承耐磨合金或滚珠轴承有无裂纹、剥落、脱壳、过热、擦伤、崩块、过度磨耗等。如有上述缺陷，应予修理或换新。

训练内容7：主机起动、换向和操纵机构的检验

(1)盘车机构与起动装置联锁的可靠性。

(2)主机手控操作(包括：起动换向及离合器离合)的灵活性和可靠性。

(3)主机各种声光报警装置工作的可靠性。

(4)主机手控装置与轴系刹车装置联锁的可靠性。

(5)驾驶台与机舱的各种仪表装置工作的准确性和一致性。

训练内容8：在飞轮上刻印某缸上止点记号的工作步骤

首先盘车转曲轴至上止点前做记号点 A，测活塞顶与缸顶距离 H(H 以 cm 为单位)；

然后反向盘车越过上止点后做记号点 B，测活塞顶与缸顶距离 H；

AB 垂直平分线与飞轮交点 O 即为上止点。

精确度是此项工作的首要要求，一般多用百分表法进行。

(1)拆去所测缸的气缸盖，转车至该缸活塞大致到达上止点位置。将百分表装在置于机体上平面的磁性表架上，调整百分表在表架上的安装高度，使量杆被活塞顶压缩至量程 2/3 左右。

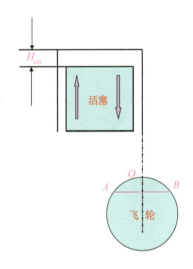

图 1-25　校正上止点刻度

(2)反向转车至活塞顶与百分表量杆脱离接触。

(3)正向转车至上止点前百分表指针指向某一读数时停转，记下读数值，并在飞轮轮缘与飞轮指针相对处做一个临时记号。

(4)继续正向转车，让活塞越过上止点下行至指针数值小于记录值后停止。然后再反向转车至活塞上行到百分表指针又回到记录值时停止，按同样方法在飞轮轮缘上做另一个临时记号。

(5)精确量出临时记号连线的中点并刻印出永久记号，此点即为该缸上止点的飞轮刻度。

训练内容9：喷油泵的主要调整项目

(1)喷油泵前导程的检查与调整。

（2）供油提前角的检查与调整。

（3）供油均匀性的检查与调整。

（4）供油零位的检查与调整。

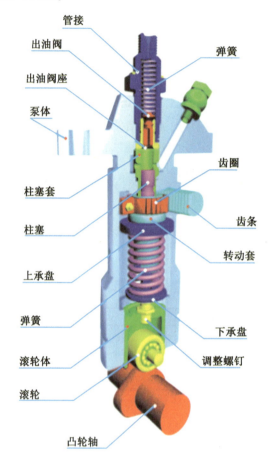

图1-26　喷油泵结构示意图

训练内容10：柴油机供油零位的调整方法步骤

（1）拆开各喷油泵高压油管，打开柴油机燃油阀。

（2）将油量操纵手柄或油量总调节杆固定于规定的零油位置。

（3）撬动喷油泵柱塞，同时调动该喷油泵油量调节装置，调到喷油泵停止供油，但在撬动柱塞且高压油管接头内油面有微微波动时，锁定喷油泵油量调节装置的位置。

（4）按此法逐缸进行直至全部调完，由于撬动柱塞只有当它处于最低位置时才能进行，因此在各缸调整过程中需相应转车配合。

（5）调整完毕后装复各高压油管并充油驱气。

训练内容11：断油法检查各缸供油量不均匀的方法步骤

（1）在负荷稳定时，将柴油机开到额定转速及额定负荷下，固定喷油泵油量调节杆不动。

（2）使第一缸停止喷油（可松开高压油管或撬起喷油泵柱塞）迅速记下此时柴油机转速表

所指示的转速后,恢复该缸供油。

(3)依次中断其他各缸供油,分别记下其转速。

(4)比较各缸断油后降低的转速,哪一缸降低的转速多,表示该缸的供应量大,反之说明供应量小。

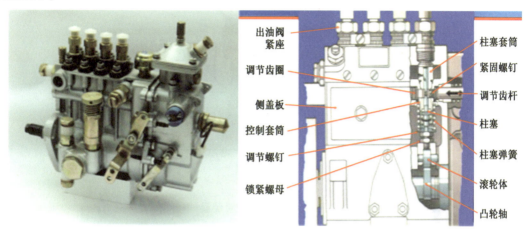

图1-27　组合式喷油泵结构示意图

训练内容12:组合式喷油泵供应量的调整

调整时,将油门手柄移至停油位置,然后用螺丝刀松开所需调节喷油泵齿圈上的紧固螺钉,使齿圈保持不动;再用小铁棒插入油量控制套的小孔内,用小锤轻轻敲打,使控制套按所需方向转动,并带动柱塞转动。左转为油量增大,右转为油量减少,最后上紧紧固螺钉。用同样的方法可对其他各缸进行调整,然后进行各缸供应量的检查,直至符合要求为止。

训练内容13:喷油器的试验与调整

喷油器试验是在专用的试验台上进行的,试验内容与步骤如下:

(1)喷油压力的测定及调整:用手压动高压油泵手柄,使喷油器喷油。观察喷油时压力表读数,如与规定压力不符,可用螺丝刀旋进或旋出喷油器的调节螺钉,以调整调压弹簧的压紧力。旋进调节螺钉,喷油压力增高,反之则降低,一直到达规定压力即开始喷油为止,随后拧紧锁紧螺帽(注:勿使调压螺钉转动)。试验台压力表的读数即为所测定的喷油压力值。

(2)喷油器针阀偶件密封性检验:撬动手柄泵油,当油压升至接近喷油器启阀压力时以10次/分的速度压油,使油压慢慢上升,直到喷油为止。然后观察喷嘴附件是否有滴油现象。喷嘴滴油是针阀与阀座锥面密封不良所致,这种现象必须通过配研消除,若滴油严重则需要更换针阀偶件。但喷孔周围的轻微湿润是允许的。

(3)喷油器针阀偶件喷雾检验:喷出的燃油应成雾状,不应有用肉眼能看到的明显的飞溅油粒和局部稀浓不匀现象。喷油开始和终了时有明显和清脆的声音。

 课堂组织

1.事先对学员按5人为1组进行分组。

压力表
顶杆
校验器进油口
柱体
手持杆

图 1-28   喷油器校验装置

2. 各小组派代表进行课堂发言、示范与交流。

3. 按分组情况派代表叙述学习成果,说明本次任务完成情况,并对本小组进行分析总结。

4. 指导教师对各组操作进行现场点评。

练习与思考

1. 简述船舶修理后机座、地脚螺栓及垫片的技术要求。

2. 简述船舶修理后机架及贯穿螺栓的检验要求。

3. 简述船舶修理后气缸盖及其阀件的检验要求。

4 简述船舶修理后气缸及气缸套的检验要求。

5. 简述船舶修理后活塞、活塞销及连杆的检验要求。

6. 简述船舶修理后曲轴及轴承的检验要求。

7. 简述船舶修理后主柴油机起动、换向和操纵机构的检验要求。

8. 简述在主柴油机飞轮上刻印某缸上止点记号的工作步骤。

9. 简述船舶主柴油机喷油泵的主要调整项目。

10. 简述船舶柴油机供油零位的调整方法步骤。

11. 简述用断油法检查各缸供油量不均匀的方法步骤。

12. 简述组合式喷油泵供应量的调整方法。

13. 简述喷油器的试验与调整方法。

学习任务 五
船舶主柴油机降速运行

学习目标

掌握对主柴油机中降速运行的检查要点。

训练设备

船舶轮机综合实训室主推进动力装置操作区 6200ZC、6170 主柴油机。

工作情景描述

出于航道、节能和减少故障等多种因素的考虑,相当数量的营运船舶主机选用 70%~80% 额定转速作为长期运转转速。当航速降低 20% 时,每公里燃油总耗量下降幅度接近 35%,但降速运转时,柴油机将脱离增压器高效区,且还会出现燃烧恶化、磨损加剧、积炭严重等现象。

课堂训练内容及步骤

训练内容:加强对柴油机以下项目的维护管理和优化调整

(1)适当缩短吊缸周期,清理燃烧室积炭。

(2)加强增压器的维护和修理。

(3)增大压缩比,改善压缩后的热状态。

(4)增大燃油提前角,加大低速区的最高燃烧压力。

(5)采用小孔径喷油器或采用更多孔数的喷油器(相关厂家有配套喷油器)。

(6)提高喷油器的启阀压力。

(7)减小增压器喷嘴环面积,调高增压转速,验证空气增压压力,确保燃烧质量。

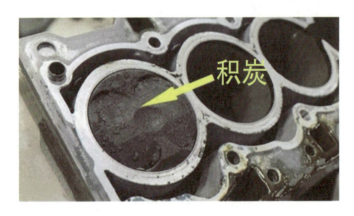

图 1-29　清理燃烧室积炭

图 1-30　增压器检修

训练步骤

（1）讲解柴油机在哪些情况下需减速运行。

（2）柴油机减速运行应遵循的原则：各缸排温不允许超过规定值，废气涡轮不发生喘振，船体或机体不发生异常振动。

（3）减速运行时对机器巡回检查的要点。

课堂组织

1. 事先对学员按 5 人为 1 组进行分组。

2. 各小组派代表进行课堂发言、示范与交流。

3.按分组情况派代表叙述学习成果,说明本次任务完成情况,并对本小组分析总结。

4.指导教师对各组操作进行现场点评。

练习与思考

1.柴油机降速运行维护管理和优化调整的措施有哪些?

2.柴油机降速运行的原则是什么?

学习任务 六

船舶主柴油机停车、完车操作

学习目标

掌握主柴油机的停车、完车操作要求。

训练设备

船舶轮机综合实训室主推进动力装置操作区 6200ZC、6170 主柴油机。

工作情景描述

正常情况下车钟指向"停车"位置时,应维持各系统正常运转,使动力装置处于随时可用的状态。

图 1-31 车钟

当船舶停泊作业,轮机值班人员接到"完车"指令时,说明船舶不再需要主机动车,此时按"完车"程序进行工作。

图1-32　打开示功阀

1. 对有离合器装置(齿轮箱)的推进装置,应松脱离合器,让主机在怠速下继续短时运转,逐渐冷却主机,然后停车。

2. 打开示功阀,冲车驱出气缸中的废气。

3. 关闭主江水泵进出口阀及冷却器进口阀。

4. 关闭燃油供给阀、起动空气阀等(各船应根据具体情况将常开和常关的阀做出统一规定,并严格执行)。

5. 若气候寒冷气温降至5 ℃以下时,应放出冷却水或进行加热保温。

6. 做好柴油机及周围各处清洁。

7. 确认主机和其他设备正常后航行班结束,关好机舱门窗,做好安全布置工作,轮机员按锚泊班或靠泊班进行值班。

课堂训练内容及步骤

1. 在指导教师指导下,学员自主完成换用副机暖机管系对主机进行保温的操作,并找到放出冷却水的部位。

2. 学员自主完成用手摇泵向主机各润滑点压油及盘车作业。

3. 指导教师指导学员正确开关各管系阀门。

4. 指导教师讲解设备及机舱安全的重要性,并布置对设备及机舱的清洁工作。

5. 机舱安全最后检查确认无误后,完车操作实训结束。

课堂组织

1. 事先对学员按5人为1组进行分组。

2. 各小组派代表进行课堂发言、示范与交流。

3. 按分组情况派代表叙述学习成果,说明本次任务完成情况,并对本小组进行分析总结。

4. 指导教师对各组操作进行现场点评。

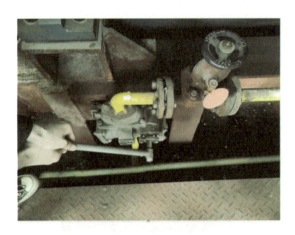

图 1-33　气缸手动供油

练习与思考

    1.柴油机停车和完车的概念是什么？

    2.柴油机完车程序有哪些？

学习任务 七
船舶主柴油机各系统的管理

 **学习目标**

1. 能对主柴油机燃油系统进行管理；
2. 能对主柴油机滑油系统进行管理；
3. 能对主柴油机冷却系统进行管理。

 **训练设备**

船舶轮机综合实训室主推进动力装置操作区 6200ZC、6170 主柴油机。

工作情景描述

柴油机定速航行后，为确保柴油机处于正常状态，除加强日常维护管理外，在航行中应加强对燃油系统、滑油系统、冷却系统的管理。

课堂训练内容

训练内容 1：燃油系统的管理

柴油机燃油系统的功用是将一定数量的洁净燃油，以足够高的压力，按照严格的喷油定时，在规定的时间内以良好的雾化状态喷入气缸，与燃烧室内的压缩空气相混合形成均匀的可燃混合气，以保证缸内燃烧的进行。燃油系统的管理主要包括燃油的管理、充油驱气的措施、检查缸内燃烧工况、检查喷油设备的工作状态方面。

（1）燃油的管理

燃油系统的正确管理应该以下述两点为主要标准：第一是能够把燃油通畅无阻地运送到喷油泵入口端；第二是运送到喷油泵入口端的燃油必须符合柴油机的使用要求。要达到上述要求，应做好以下几方面的工作：

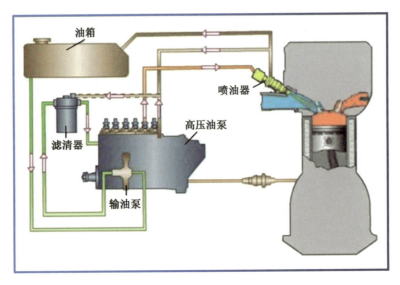

图 1-34　柴油机的燃油系统

①油柜定期放水排污。在沉淀油柜和日用油柜底部都设有排污阀,在柴油机运转过程中,必须定期把沉积在油柜底的杂质和水分通过排污阀放出,若长期不进行油柜的排污工作,则沉积的水分可能进入燃油管系从而造成停车事故。

②做好装油、驳油和分油工作。在柴油机运转过程中,定期进行驳油和分油工作,注意各油柜油量的变化,尤其应保证日用油柜中有足够数量的净油。

③定期清洗燃油滤器。为了防止杂质过多堵塞滤器,需要定期清洗滤器。大中型柴油机可根据燃油流经滤器的压降来判断滤器的工作情况。若压降过大,则表明滤器已经变脏而堵塞,需要立即进行清洗;若无压降或压降过小,则表示滤器滤网破损或滤芯装配不对,也需要立即拆卸检查。燃油滤器经清洗后要充满燃油,将空气排出,以免造成燃油中断。

图 1-35　压力参数表

(2)充油驱气的措施

燃油系统的油路应确保不漏油、不漏气。若有气体进入,将导致柴油机起动困难或自动停车。燃油系统充油驱气的一般程序是：

①打开输油泵旁通阀，旋松燃油滤清器顶部放气螺钉。利用日用油柜的燃油重力，排除燃油滤清器之前管路中的空气。

②旋松喷油泵体上的放气螺钉，利用燃油重力或手动泵油，排除喷油泵前油管和泵体内燃油腔室中的空气。

③旋松喷油器高压油管接头或打开喷油器回油阀，撬动喷油泵柱塞，驱除高压油管中的空气（此项工作应在柱塞处于最低位置时进行）。

（3）检查缸内燃烧工况

①打开示功阀"看火"，检查气缸内燃烧情况。

②查看排气温度是否正常。

③检查缸内工作中有无燃烧敲击声，检查最高爆压是否正常。

④查看冷却水温度是否正常。

⑤经常分析和判断各缸负荷均匀性及燃烧状态是否正常。

⑥观察排烟颜色，正常的排烟颜色为淡灰色。

（4）检查喷油设备的工作状态

①检查高压油泵工作状态是否正常。

②检查喷油器工作是否正常。

③检查高压油管脉动和温度是否正常：若高压油管发热，脉动增强，则说明喷油器堵塞；如果高压油管脉动微弱，而且排烟温度和爆压均低，则可能是由于高压油泵泄漏太多而供油太少造成；若高压油管脉动虽微弱，但排温增高，则可能是由于喷油器针阀和阀座密封不良而产生滴漏；若高压油管无脉动，泵体发热，则很可能是由于油泵柱塞咬死造成。

训练内容 2：润滑系统的管理

润滑系统的主要作用是：向柴油机各运动部件输送足量的、温度适宜的清洁滑油，保证运动部件间的润滑，减少零件的磨损和摩擦功的消耗。因此，对润滑系统的基本要求是：确保润滑油的质量和足够的供油量，确保润滑油的压力和温度在规定范围内。

（1）在船舶上对润滑油质量进行检查的方法

①擦研检查、手指研磨滑油：一是以判断机械杂质的多少；二是判断其黏度，若黏性差，则说明有柴油渗入。

②倾注检查：一是从颜色上可判断其是否浑浊；二是从油流上看若能保持细长均匀，则表示黏度合适和水分较少。

③加热检查：在加热过程中，若有水珠出现并有"噼啪"声响，则说明油中有水分。

④冲淡检查：取滑油和汽油或煤油各半搅拌均匀，静置 24 h 后，若有沉淀物，则说明油中有杂质。

⑤对比检查：将新油和所用滑油分别滴滤纸上干燥几小时后进行比较，油渍愈黑，说明滑油愈脏；中心黑点愈大，说明油质愈差。

⑥直观检查：如清洗分油机发现大量油泥，滑油呈棕黑色，油味刺鼻，则说明油变质。

（2）送验柴油机润滑油油样的取样方法

①油样应用干燥、清洁的小口玻璃瓶盛装，瓶中应装满润滑油油样，并用软木塞或金属盖

密封,不得用橡皮塞或布团来塞瓶口。

②必须在柴油机正常运转时取样,一般是在到港半小时前进行。

③油样可在润滑油泵出口或润滑油冷却器出口旋塞处取出,取样前应清洁旋塞口,先放出油样2倍左右的润滑油以冲去旋塞内部积存的污垢,再采油样入瓶。

④瓶口加以密封并贴上标签,标明船名、滑油牌号、主机使用小时、使用燃油品种号、取样日期、送验项目等内容。

(3)润滑系统管理维护要点

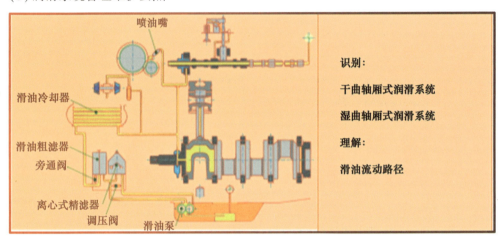

喷油嘴

滑油冷却器

滑油粗滤器
旁通阀

离心式精滤器
调压阀　滑油泵

识别:
干曲轴厢式润滑系统
湿曲轴厢式润滑系统
理解:
滑油流动路径

图1-36　湿曲轴箱式润滑系统

①确保滑油压力在规定范围之内,一般为0.15~0.40 MPa:

A. 滑油压力调整可通过滑油泵上的调压阀来调节;

B. 检查滑油过滤器前后的压差是否正常。若超过0.04 MPa则应该转换和清洗过滤器。

②确保滑油温度在规定范围之内,一般进机温度为30~50 ℃,不大于65 ℃,出机温度应小于85 ℃。

③确保足够的油量;检查滑油循环柜(油底壳),检查滑油油位是否在规定的范围之内,若不足应及时补充,但也不能超出上限(动满、静满)。

④确保滑油的质量:

A. 保持滑油的洁净;

B. 防止燃气漏入曲轴箱并保持曲轴箱通风良好;

C. 航行中按规定使用分油机;

D. 严防冷却水和柴油漏入滑油中;

E. 定期检验滑油质量,定期更换滑油。

训练内容3:冷却系统管理要点

冷却系统的主要任务是保证柴油机在最适宜的温度状态下工作,达到既能避免零件的损坏和减小其磨损,又能充分发出它的有效功率。柴油机工作中,只有确保冷却系统各设备、管路正常工作,才能使柴油机处于良好的工作状态。

冷却系统在使用中必须注意以下几点:

(1)注意观察冷却水的温度和压力,并确保其正常:

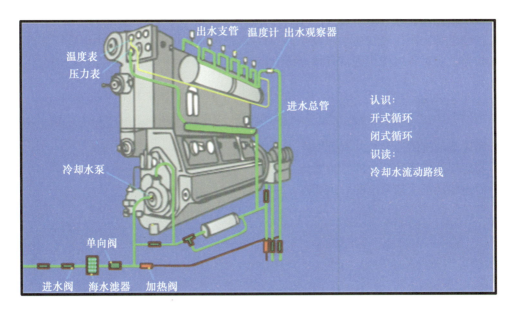

图 1-37　开式冷却系统

淡水压力:0.2~0.3 MPa;

淡水出口温度:65~80 ℃;

淡水进出口温差:20~25 ℃;

海水压力:0.1~0.2 MPa;

海水出口温度:≤55 ℃。

(2)注意检查并保持膨胀水箱的水位:液位处于1/2~3/4水位玻璃管,不要低于1/2水位玻璃管。

(3)对水泵应定期加注滑油,并检查其水封。

(4)定期清洗系统水垢、泥沙,以保证冷却效果。

(5)定期检查自动调温器。

(6)定期清洗、检查淡水冷却器。

训练步骤

1.指导教师对照船舶柴油机介绍燃油系统的作用、工作原理及特点。

2.指导教师对照船舶柴油机介绍滑油系统的作用、工作原理及特点。

3.指导教师对照船舶柴油机介绍冷却系统的作用、工作原理及特点。

4.学员在指导教师的指导下,按照各系统工作原理描述各动力系统的工作流程。

5.在指导教师的指导下让学员叙述燃油、滑油、冷却水的检查方法并操作相关阀门。

课堂组织

1.事先对学员按5人为1组进行分组。

2.各小组派代表进行课堂发言、示范与交流。

3.按分组情况派代表叙述学习成果,说明本次任务完成情况,并对本小组进行分析总结。

4.指导教师对各组操作进行现场点评。

练习与思考

1.简述柴油机燃油系统的管理要点。

2.简述柴油机滑油系统的管理要点。

3.简述柴油机冷却系统的管理要点。

学习任务 八

船舶主柴油机主要机件管理

 学习目标

1. 能维护管理气缸盖；
2. 能维护管理气缸套；
3. 能熟知活塞、连杆组件的维护管理要点；
4. 能熟知曲轴的维护管理要点；
5. 能熟知凸轮轴的维护管理要点；
6. 能熟知主轴承的维护管理要点；
7. 能熟知增压器的维护管理要点；
8. 能熟知调速器的维护管理要点。

 训练设备

船舶轮机综合实训室 6200ZC、6170、6110、6160、6135 柴油机及各种柴油机实物应用配件。

 工作情景描述

柴油机主要机件是指构成柴油机主体结构的零部件。主要机件是柴油机完成量转换的依靠。主要机件的技术状态对柴油机寿命和工作性能起决定性影响。

柴油机的主要机件按在工作中的功用，可分为燃烧室组件、曲柄连杆机构和支承连接组件。它们各自作用与工作条件不一样，对维护管理要求也不同。

燃烧室组件。燃烧室组件包括：气缸套、气缸盖和活塞组件。它们共同构成密闭的气缸工作空间，即柴油机工质更换、燃气形成和膨胀做功的空间。它们都承受高温、高压和腐蚀性燃气接、反复作用。高压和高温对燃烧室各组件造成的危害较严重。其中高温的作用较复杂，影响因素也多，故在实际管理中更应引起注意。

曲柄连杆机构。曲柄连杆机构包括：连杆组件和曲轴组件，它们将活塞往复运动转变为曲轴回转运动，将作用于活塞的燃气压力转为转矩并由曲轴向外输出。柴油机运行过程中，曲柄连杆机构的机件承受气体力及运动惯力所形成的机械负荷。

支承连接组件。支承连接组件主要有机座、主轴承、机体等。它们形成柴油机的骨架、支承和安动机件、燃烧室组件以及柴油机各种系统设备。机座为柴油机基础,曲轴通过主轴承安装于机座上。机体、气缸套和缸盖都以机座为安装基础。机座通过垫块等将柴油机紧固于船体基座上。机体下部与机座共同形成曲轴回转空间,上部安装气缸套、气缸盖。两侧布置凸轮等各种设备。支承连接组件中各机件主要承受曲柄连杆机构传递的气体力、运动惯性力作用,保证其支承和连接机件的相互位置正确,管理中,要防止它们变形以及连接松动。

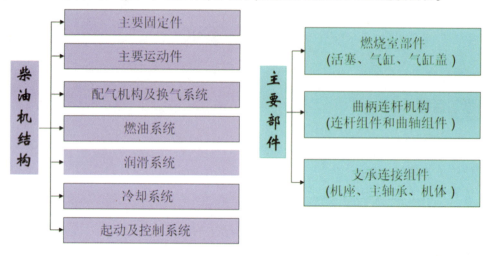

图 1-38　柴油机结构和主要部件组成

柴油机的主要机件也可以按工作时运动状态不同分为固定部件和运动部件两大类。固定部件包括气缸盖、机体、机座和主轴承等不动的主要机件和它们的连接紧固件。它们组成柴油机固定整体,确定了柴油机外形轮廓,其质量占柴油机总质量的 70% 左右。为能在气体作用力、运动惯性力及连接紧固力等机械负荷作用下不变形、保证正确的支承与导程作用,它们应具有足够刚度和强度;但又必须具备尺寸小、质量轻以及便于操作管理与维修的特点。

运动部件有活塞组件、连杆组件和曲轴组件等。工作中,运动部件转换运动形式,并将气体对活塞所做的往复功变为转矩输出。它们承受脉动的气体力、运动惯性力以及相对运动表面的摩擦磨损。要求它们有足够的抗疲劳强度和一定耐磨性。管理中应力争减轻机械负荷的冲击性和保证摩擦表面的良好润滑。

课堂训练内容

训练内容 1:气缸盖的维护管理

(1)气缸盖的维护管理要点如下:

①定期拆检气缸盖。清除冷却水腔的泥沙、水垢以及排气通道内的积炭油垢,研磨消除阀座、阀锥面缺陷,拆装中不能伤及密封面。

②安装时应按规定的顺序对称、交叉地分两次以上将缸盖螺母均匀上紧至规定扭矩。

③发现垫床有泄漏应及时处理,但严禁在运转中去松紧缸盖螺母。

④防止出现过大热应力(如冷车起动前应充分暖缸,起动后应逐步加车,防止过度冷却,缺水过热时禁止立即大量加注冷水等)。

图 1-39 单体式气缸盖

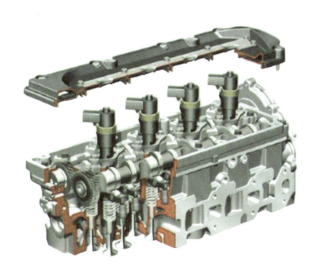

图 1-40 组合式气缸盖

(2)气缸盖贴合面漏气的处理方法:

①检修后柴油机试车运转中发生少量漏气时,应待停车并冷至常温后将缸盖螺栓再均匀收紧一次;

②若仍漏气,则应拆、吊缸盖,更换或软化垫片;

③若仍不奏效,则应检查缸盖底面和与之贴合的平面的平直度及平面度,并用拂刮、研磨甚至磨削等方法修正。

训练内容 2:气缸套的维护管理要点

(1)柴油机在工作期间应注意气缸套有无漏水及裂纹,如发现油底壳滑油中有水,可打开曲轴箱道门检查缸套是否有水,缸套发生裂纹将使冷却水压力波动、膨胀水箱满溢、水温升高,冷却水系统中将出现大量气泡,应及时检查解决。

(2)运转时要确保正常冷却,保持冷却水压力、流量及进出水温度正常;尤其不能在气缸过热的情况下猛增冷却水,以免造成缸套破裂。冷车起动后,必须空载低速暖机,然后渐增转速和负荷,否则会引起热应力增大,导致缸套裂纹。因故需放冷却水时,不能停车后立即放水,应待冷却至周围环境温度后再放水,以使缸套能逐渐冷却。

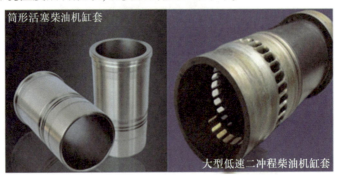

图 1-41　气缸套

(3)检修时应仔细检查缸套有无裂纹和局部擦痕,查明原因后消除或换新。

(4)气缸套使用日久后,在活塞行至上止点时第一活塞环上边缘与缸套接触处,会形成凸缘,拆检时应用油石磨除,使其呈平滑过渡。

训练内容3:连杆组件(连杆、连杆螺栓)的维护管理要点

(1)连杆及其轴承维护管理工作要点:

①船舶停港打开曲轴箱道门检查时,应查看连杆表面有无裂纹和不正常的状态,连杆螺栓有无松动以及开口销有无脱落等情况,这类情况都会带来严重后果,必须引起注意。

②连杆体和连杆盖上的配对定向记号,装配时注意绝对不能错装。

③安装时按规定扭矩均匀交替旋紧连杆螺栓,不允许用螺栓松紧度来调整轴承间隙,不允许用铁钉代替开口销。

(2)防止连杆螺栓断裂的措施:

①适时检查螺母止退装置的完好性。

②拆检中加强对连杆螺栓的质量检查,存在隐患的(如发现有螺纹磨损松动、永久变形伸长、裂纹等)应一律换新。

③安装时严格按要求上紧螺栓至规定扭矩,并确保螺母锁紧止退可靠。

训练内容4:活塞组件(活塞、活塞环)的维护管理要点

(1)活塞维护管理工作要点:

①活塞应在每次停检时吊出检修,吊出后放在木板上进行清洗,详细检查各部位有无裂纹或伤痕,如发现严重缺陷,应换新。对于活塞如发现其工作表面呈灰色或者轻度粗糙时,一般是滑油含水量及机械杂质过高,应检查滑油质量或换新滑油。

②活塞每次吊出清洗后要进行测量,并将测量记录做好登记,定期进行千小时磨耗情况分析。

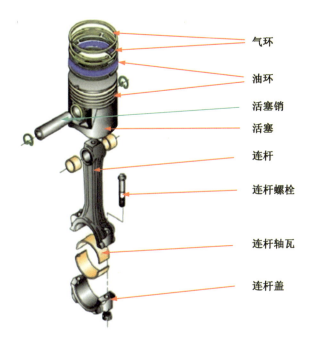

图 1-42　活塞连杆组

气环
油环
活塞销
活塞
连杆
连杆螺栓
连杆轴瓦
连杆盖

图 1-43　活塞组件

③活塞表面如发现局部腐蚀点或轻度拉毛痕迹时可用细油石磨光。活塞中油孔可用柴油清洗,并用铁丝清通,最后用压缩空气吹净。

(2)活塞环维护管理工作要点:

①活塞从气缸内吊出进行清洗时,如发现活塞环在槽内粘牢,可用柴油将积炭清洗干净,用木块轻轻敲击,使之松动,而后拆下活塞环,清洗环槽,如发现活塞环有剥落、腐蚀、平面磨损等缺陷,应予换新。

②每次清洗或换新活塞时,必须测量活塞环的搭口间隙和天地间隙,若超过规定范围应予

以换新。

③无论是新的还是旧的活塞环,在装配之前,都应稍稍磨去上下平面的尖角,以便在工作中获得有效的润滑,避免刮伤缸壁。

④在安装刮油环时,要注意将带刃角的一面朝下,不可装反。

⑤活塞环装入环槽内,应能用手自由转动,不得阻滞,搭口位置相互错开 120°或 180°。

⑥活塞环换新后,应保证有一定的磨合时间,以免发生拉缸事故,磨合应在低转速下进行。

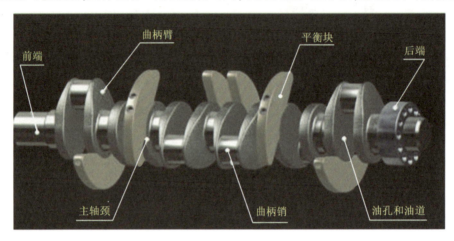

图 1-44　曲轴结构

训练内容 5:曲轴的维护管理要点

(1)定期测量检查轴承间隙。当间隙超过极限时应及时调整(厚壁瓦)或换新(薄壁瓦),轴瓦换新要保证磨合充分。

(2)定期检查轴颈、轴承有无擦伤、裂纹、异常磨损等缺陷,同时测量轴颈的圆度和圆柱度误差,并及时消除。

(3)保持燃烧工况的正常,避免长时间超负荷运转,严禁在临界转速内运转。

(4)保持润滑清洁及压力、温度正常,并定期更换滑油。

(5)定期检查臂距差,保持臂距差在规定范围内。

(6)注意检查机座地脚螺栓的紧固情况,发现有松动现象应立即消除。

(7)检修时,活塞连杆拆除后,曲柄前端应涂油并包扎以防生锈碰伤和杂物进入轴颈油孔;厂修时,吊运曲轴前应将各曲柄用夹马夹妥,以防曲轴变形,同时包扎好各轴颈以防碰伤。

(8)减缸运行时应适当降速运转,防止曲轴承受超负荷扭矩。

训练内容 6:凸轮轴的维护管理要点

(1)检查凸轮工作面有否剥落、出现裂纹、磨损及拉毛,如局部缺陷不大时,可用油石打磨,砂布抛光。

(2)用铜棒试着敲打凸轮,检查凸轮与轴配合是否松动。

(3)检查滚轮与凸轮工作面接触是否良好,且滚轮与凸轮在倒顺车位置时滚轮两侧 R 部位不得停在凸轮斜面过渡部分上。

(4)压油检查各挡凸轮轴轴承润滑情况。

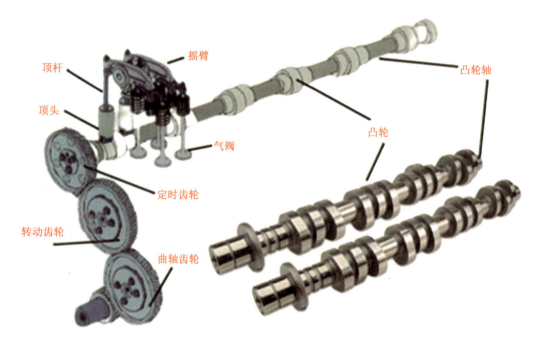

图 1-45 凸轮轴及传动组件

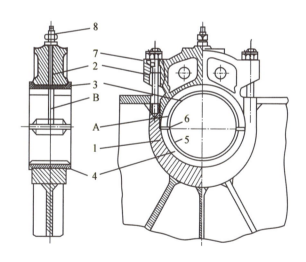

图 1-46 正置式主轴承

1—主轴承座；2—主轴承盖；3—上轴瓦；4—下轴瓦；5—减磨合
金；6—垫片；7—螺栓；8—滑油管

训练内容 7：主轴承的维护管理要点

（1）保证良好的滑油供应（油压、油温、油量、油质）。

（2）尽量减少主机频繁起停和超负荷运转。

（3）运转时注意检查主轴承有无过热现象，经常倾听曲轴箱有无异响。

（4）定期检查调整轴承间隙。

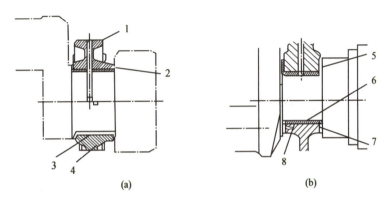

图 1-47 止推主轴承

1—轴承盖;2—上轴瓦;3—下轴瓦;4—轴承座(机座);5—上止推片;6—平轴瓦;7—下止推片;8—定位销

(5)更换轴瓦时要保证安装质量,换新瓦后应充分磨合。

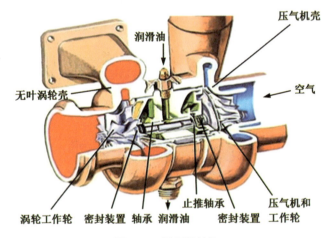

图 1-48 增压器结构

训练内容8:增压器的维护管理要点

(1)涡轮增压器运转中的管理要点:

①定时检查记录涡轮进口压力和温度、增压压力、冷却水出口温度、转子轴转速等工况参数。

②经常用金属棒测听运转有无异响。

③保持润滑油池的正常油位。

④无特殊情况不要突然停车。

⑤压气机喘振时要采取临时消除措施,不可在喘振下长期运转。

⑥增压器发生故障需停转时应正确锁住增压器转子。

⑦柴油机长期停转(一个月以上)时,要定期变换转子的位置。

(2)主机增压器发生故障后的锁定及主机操作方法:

①航行中,如果时间紧迫要求尽快恢复航行而又无法在极短时间内修复增压器时,可用专

用工具在涡轮端将转轴锁住卡死,使其不能转动,然后重新起动柴油机运转。这称为锁住转子后运行法。

②如果仍需运行较长的时间,而又有较充裕的时间进行处理时,可采取在最短的时间内将增压器转子拉出,并用专用盖板将壳体两端隔开和将两端盖封住,以保证柴油机仍可继续运行。这称为拆除转子法。

③采取①、②两种方法后,柴油机虽仍然可依靠活塞的往复运动吸入新气和排出废气。但因气阀重叠角较大,会使废气倒流,尤其是锁住转子后运行时,气流只能从叶片之间的间隙流过,阻力很大,因此要将柴油机的转速降得较低。

图 1-49　增压器检修

训练内容 9:调速器的维护管理要点

调速器发生故障,可以导致柴油机转速不稳,甚至发生熄火或"飞车"等事故。因此,对调速器及其系统要细致地加以管理和维护。

柴油机出现故障往往是多方面的,要仔细观察、认真分析,确定是调速器问题时(有条件的可以换一台正常地进行试验),才可以拆检。

注意事项:

(1)检查调速器输出轴到喷油泵间各拉杆、杠杆等传动件的连接处是否阻滞或间隙过大。这两种情况会引起喷油泵齿条(或调节臂)动作不及时,使柴油机的转速出现忽高忽低的现象,造成转速不稳。

(2)检查上述各传动件连接处活动销上的开口或保险是否有断、落倾向,柴油机在振动中可能会使活动销落下,这将会导致柴油机发生"飞车"。平时应注意及时发现并处理。

(3)注意调速器油道内是否有空气。调速器经过装配或拆检后,油道内会掺混空气;有时在运转中管理不当,油道内也会进空气。油道内有空气,会影响补偿作用的敏感性及油流的畅

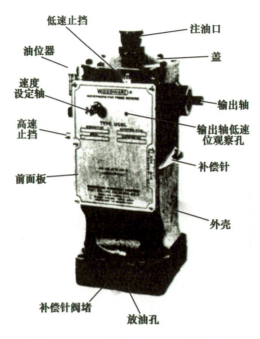

图 1-50　UG-8 杠杆式液压调速器外形图

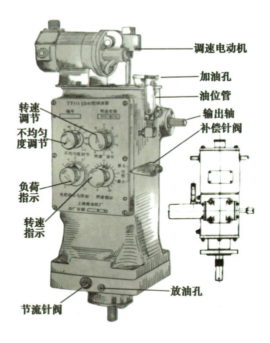

图 1-51　UG-8 表盘液压调速器外形图

通性和连续性,导致柴油机转速不稳定。若会排除油道内残存空气,应首先将柴油机起动,使柴油机怠速运转。然后将补偿针阀旋出几圈,使柴油机产生剧烈的转速波动。此时,由于调速器内部零件的交替运动,迫使油道内的空气从零件的配合间隙中或出油孔中挤出。这种大幅度游车至少应持续 2 min,然后慢慢地关小补偿针阀,直到游车减小到最低限度或完全消除为止。

(4)检查调速器内润滑油的液面高低是否合适。检查时注意调速器的油标刻度线位置。如果加油时超过了规定的液面刻度线位置,活动元件会把空气卷入油中、进入油道。如果液面下降,则说明调速器有漏油或渗油处。应注意查找下列各处:底座与壳体的结合面,底座传动轴,闷头螺塞,补偿针阀,补偿指示针轴,高、低速限位螺钉,接压力表的螺塞,油标管等处。

(5)检查补偿针阀的锁紧螺母是否松动。当补偿针阀的锁紧螺母没有旋紧时,长期受振动后(特别是高速柴油机),锁紧螺母会被振松,针阀有可能向里自动旋进,引起补偿针阀"关死",使调速器工作不正常,并可能发生"飞车"。

(6)保证调速器内的润滑油清洁、无杂质和有一定的黏度。调速器内的偶件都是比较精密的,任何小的杂质都可能造成卡阻。若润滑油的黏度较低,偶件之间的摩擦力增加,会导致调速器工作不正常。一般可使用22号汽轮机油(如果工作条件的温度比较高,可用30号汽轮机油),工作油温一般在50~70 ℃。

正常情况下,调速器内润滑油半年换一次。

(7)检验调速弹簧的技术状态。调速弹簧长期受力,可能会出现变形,引起调速器工作性能的改变。拆检时应妥善放置,以免弹簧变形和改变弹力;测量弹簧的各部分尺寸,有不合条件的,必须调换。

(8)必要时在拆检中还应检测下列各偶合运动件的间隙:控制滑阀与套筒;动力活塞与油缸;大、小补偿活塞与缸体的间隙等。如果因磨损而出现间隙过大的情况,应调换元件;否则将影响调速器的正常工作。

课堂训练内容

1.拆装6160、6170柴油机气缸盖、气缸套介绍气缸盖的作用、维护管理要点。

2.拆装6160、6135柴油机连杆组件(连杆、连杆螺栓)的维护管理要点。

3.了解活塞组件的功用、活塞组件(活塞、活塞环)的维护管理要点。

4.拆装6160、6135柴油机、凸轮轴,操作6200主柴油机认识曲轴的结构、功用及了解曲轴的维护管理要点。

5.拆装增压器、调速器。

训练步骤

1.指导教师对照实训室拆装区6160、6170柴油机气缸盖介绍气缸盖的作用、维护管理要点。

2.指导教师对照实训室拆装区6160、6170柴油机气缸套介绍气缸套的维护管理要点。

3.指导教师对照实训室拆装区6160、6135柴油机,操作区的6200柴油机讲解连杆组件(连杆、连杆螺栓)的维护管理要点。

4.学员在指导教师指导下,对照活塞组件了解活塞组件的功用、活塞组件(活塞、活塞环)的维护管理要点。

5.指导教师对照实训室拆装区6160、6135柴油机,操作区的6200主柴油机认识曲轴的结构、功用及了解曲轴维护管理要点。

6. 指导教师对照实训室拆装区 6160、6135 柴油机讲解凸轮轴的功用、结构及了解凸轮轴的维护管理要点。

7. 指导教师对照实训室拆装区 6160、6135 柴油机、主轴承原件及连杆轴承的区别和维护管理要点。

8. 指导教师对照实训室拆装区的增压器、操作区的 6200、6170 主柴油机讲解增压器的结构、维护管理要点。

9. 指导教师对照实训室拆装区的调速器、操作区的 6200、6170、6135 主柴油机讲解调速器的结构、维护管理要点。

课堂组织

1. 事先对学员按 5 人为 1 组进行分组。

2. 各小组派代表进行课堂发言、示范与交流。

3. 按分组情况派代表叙述学习成果,说明本次任务完成情况,并对本小组进行分析总结。

4. 指导教师对各组操作进行现场点评。

练习与思考

1. 简述拆装柴油机的步骤。

2. 简述柴油机连杆组件的功用。

3. 简述增压器的维护管理要点。

4. 简述调速器的维护管理要点。

5. 简述曲轴的维护管理要点。

6. 怎样检查主轴承,图 1-52 检查是否符合规范,要注意些什么?

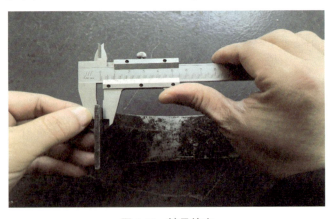

图 1-52　轴承检查

工作总结与评价

学习目标

1. 能结合自身任务完成情况,正确规范撰写工作总结;
2. 能按分组情况,分别派代表叙述工作成果,说明本次任务完成情况,并对本小组进行分析总结;
3. 能就本次任务出现问题,提出整改措施;
4. 能对本次工作进行反思,并能与他人交流,总结工作经验。

学习过程

1. 个人自我评价

2. 小组评价

3. 教师评价

(1)教师对各组完成优点进行评价:

(2)找出各组完成的缺点,提出改进方案:

(3)对整个任务完成的亮点和缺点进行点评:

4. 评价与分析表

班级：			组别：			姓名：		
小组成员：								
项目	自我评价（10%）			小组评价（20%）			教师评价（70%）		
	8~10	6~8	1~5	8~10	6~8	1~5	8~10	6~8	1~5
学习任务（ ）									
学习任务（ ）									
学习任务（ ）									
学习任务（ ）									
学习任务（ ）									
安全文明									
规范操作									
协作精神									
纪律观念									
工作态度									
学习主动性									
工作完成质量									
小　计									
总　评									

班级：		组别：			姓名：			

小组成员：

项目	自我评价（10%）			小组评价（20%）			教师评价（70%）		
	8~10	6~8	1~5	8~10	6~8	1~5	8~10	6~8	1~5
学习任务（　）									
学习任务（　）									
学习任务（　）									
学习任务（　）									
学习任务（　）									
安全文明									
规范操作									
协作精神									
纪律观念									
工作态度									
学习主动性									
工作完成质量									
小　计									
总　评									

项目二

船舶轴系的操作与管理

 学习目标

1. 能进行船舶轴系的日常管理；
2. 能完成艉轴密封装置的管理和检查；
3. 能熟知推力轴承的管理要点；
4. 能熟知船用齿轮箱的日常管理要点。

 建议学时

4 学时。

 工作情景描述

轴系的作用是将主机发出的功率传给螺旋桨，同时承受螺旋桨产生的推力，并将此推力通过推力轴承传给船体，从而使船舶前进或后退。

🌀 **学习导入与热身**

1. 船舶轴系作用简介

船舶轴系是船舶推进装置中的核心组成部分之一。在船舶建造、修理过程中，轴系的安装、校中极为重要，其质量的好坏将导致船舶推进系统能否正常运行，甚至会影响到船舶航行的安全性与可靠性。

2. 实船案例

某船轴系的布置如图 2-1 所示，该船采用双机双轴系设计，机舱在船舶中部，发动机与艉轴之间以中间轴连接。此轴系装置中，艉轴、中间轴及主机曲轴之间用法兰联轴器连成一体。中间轴有两个滑动轴承支撑，艉轴装于艉轴管中。艉轴管的前端固定在横舱壁上，尾部固定在船体艉柱孔中。

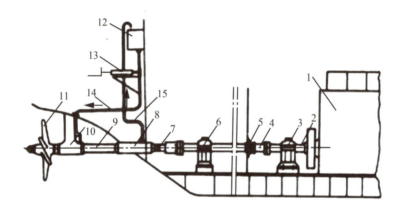

图 2-1　轴系的布置

1—主机；2—推力轴；3—推力轴系；4—中间轴；5—隔舱填料函；6—中间轴承；7—螺旋桨轴；8—艉管支承；9—艉管；10—人字架；11—螺旋桨；12—艉轴油柜；13—艉轴润滑油泵；14—进油管；15—回油管

3. 轴系的安装与校中

在拖船建造过程中，轴系的安装工作步骤如下：首先，是在造船船体中确定其轴系和舵系的中心线位置（俗称轴、舵系拉线）；其次，进行轴系的镗孔作业，对相关零部件的加工和车间装配；再次是在船台现场对轴系及附件的安装和配对；最后，进行轴系校中和装配。

（1）轴、舵系拉线

进行轴、舵系拉线工作的前提是：造船进度已经推进到船体大合拢结束之后，船体在船台上的各支撑良好可靠；在船舶轴、舵系布置区域内，主甲板以下的焊接和矫正工作已结束，船上所有冲击性和振动性的作业施工已停止；船体的各辅助拉攀与支撑也已拆除；所有的舱室及油水柜都已经焊缝检验及水密实验合格；施工和质检人员熟悉有关轴技术文件和工艺，并准备好各种施工工具和测量工具。

拉线工作分粗拉线、精拉线两步。粗拉线的步骤如下：

①拉线前，在艉管通过的船体横肋板上开拉线孔，根据拉线中心线开孔。在前壁和后壁开孔分别设复板，船上安装。

②实船复核艉轴长度，并将该数据提供至内场以确定艉管长度。按图纸整体焊接艉管，并精加工至规定尺寸，环缝焊结合处须经预热焊接后保温 2 h，焊接后做无损探伤和水压试验。

③将艉管自尾向首穿入，穿装轴毂至图纸要求位置，依次安装后轴毂及支架、中间轴毂及支架，利用找正工具根据拉钢线现场支撑，校正并焊接。

④根据主机及减速齿轮箱安装图，依次确定齿轮箱和主机固定垫片位置，经交验合格后方可焊接。

⑤确定中间轴长度，沿轴线测量舵桨中心点至主机轴端的实际长度，根据轴系布置图和艉管装置总图，得出实际长度与理论长度的差值，计算出中间轴的实际长度，经检验员认可提供给内场加工。

精拉线时，舵系拉线与轴系拉线同步进行，技术要求相同。该船舵系与轴系在#0 距基线1 800 mm 处相交并互相垂直，轴系与舵系的中心线相交度应不大于 2 mm，两线垂直度应不大于 0.5 mm。

（2）轴系零件的加工

整船的轴系加工，是通过对艉轴、中间推力轴、联轴器等各零部件分别进行精确加工，然后用铰配螺栓把各部件连接组装而完成的。

所有轴系铸件在加工前均应检验合格，并按图纸及相关工艺加工到位，检验合格。最后，按船台实测提供的数据对中间轴的尺寸进行加工，两端法兰分别与液压联轴器和齿轮箱输出法兰同铰螺孔，并按照实测数据配置铰孔螺栓。

通常在艉轴工作轴颈处采用红装工艺，将铜套安装在艉轴轴颈上，这不仅可以防止海水腐蚀艉轴，延长其使用寿命，在后期使用中还可以对磨损的铜套进行车床加工，或局部拆换。艉轴的非工作轴颈处，也需包环氧树脂，以防止海水腐蚀。

研配螺旋桨锥孔，是在车间将螺旋桨轴架起，以轴尾端的锥体为基准，研配螺旋桨锥孔，使二者的结合面达到规范要求，经过反复研配并检测合格后，做好二者之间的标记，等待装船。

（3）轴系的安装和配对

①艉轴管及其附件的安装

主机安装完成后，根据主机的位置找出轴系中心线，用激光光靶找出导流罩的中心，从而确定轴系中心线，据此中心线安装导流罩。

艉轴管装船前，检查清理确保内部的干净光滑。当艉轴管吊装到达安装位置时，在其前端装上前密封，在法兰上安装垫片，并涂抹密封胶，再将艉轴管用手拉葫芦调平之后进行安装到位，安装螺栓只是用来预紧定位，切记不可过紧。

艉管装置中设有油润滑（或水润滑）的艉轴密封装置。本船安装的是油润滑的金属环式密封装置，其首部密封的作用是封油，以使其不漏入船内，尾部密封则担负着封水和封油的双重任务。此密封装置的制造及安装精度较高，待艉轴安装完毕后，须进行油压试验，泵油压力为轴系中心线至船舶重载水线间距离的 1.5 倍水压（一般不大于 0.1 MPa），保持压力 5 min不应有滑油渗漏。

②轴系及其附件的安装

将轴系的各分段及附件运至船台现场安装，首先把轴毂内的杂质等清吹干净。逐一安装轴承座,再采取冷装法安装轴承,装好轴承压盖。从尾端向首端穿装艉轴,轴承与轴径接触部分涂润滑油以减少摩擦。

艉轴穿好后,安装前密封装置,再安装中间轴及艉轴的各液压联轴器及防护罩。

③轴系的配对

轴系配对,就是指将轴系的各轴段置于同一直线上,检测并矫正其同轴度使其符合要求,然后铰镗法兰上的螺栓孔,并配置相应的螺栓、固紧等一系列工作的总称。这项工作的关键,就是对法兰螺栓孔的钻铰和螺栓的配置,以及轴的对接工艺。

轴的对接和配对工艺流程为:

i. 在两轴法兰连接处装入临时螺栓,用塞尺检查法兰结合面及两法兰外圆平齐度,两组数值均在允许范围内,则认为两法兰基本同心。

ii. 在法兰结合处和一条轴的中间位置分别安装百分表,转动轴系以检查两轴的法兰结合处偏移量(即曲折值)。若偏移量在允许范围内,则认为两轴同轴度符合要求;若偏移量超标,则必须刮削法兰面来消除曲折,并重新装配检测。

iii. 对接工作完成后,可进行铰孔工作。此时,保持全部临时螺栓处于上紧状态,先拆去其中1~3个临时螺栓,分步铰孔作业。

iv. 每一组螺栓、螺孔铰配完成后,分别进行装配,换掉临时螺栓。

(4)轴系的校中

船舶轴系在运转中承受着复杂的应力和负荷,为了保证轴系长期安全可靠的运转,首先,在设计时要保证轴系具有足够的强度及刚度;其次,在轴系安装时也要保证各轴段合理的位置、状态,使轴系各段内的应力及各轴承上的负荷均处在合理范围内。除此以外,轴系校中质量的好坏,也起着至关重要的作用。轴系校中,是指按一定的要求和方法,将轴系敷设成某种状态,使其全部轴承上的负荷及各轴段内的应力数值都处在允许范围内,从而保证轴系安全性和可靠性。

按照原理,可以将轴系校中划分为三类。

①按直线校中原理校中:

i. 按法兰上严格规定的偏中值校中;

ii. 按法兰上计算允许偏中值校中;

iii. 用光学仪器校中;

iv. 用样轴校中。

②按轴承上允许负荷,用测力计校中。

③按轴承上合理负荷进行校中。

在本船建造过程中,轴系采用直线校中原理进行校中,按法兰上严格规定的偏中值校中。

轴系校中工作,应在船体密封性试验及轴系安装验收合格后,停止船上敲击和强烈震动的作业,停止移动船上的重大设备并均衡压载,并在无日光直接照射的情况下才能进行。船舶下水前对轴系进行临时固定,待下水后,使船体在自由漂浮状态下,调整船舶为正浮状态,使螺旋桨叶不露出水面,拆除轴系设备的临时固定装置,脱开主机齿轮箱的所有外接管路的接头,再进行轴系的校中工作。

首先,检测机舱后壁到液压联轴器的距离,确认其值应与下水前一致。从船尾向船首依次进行轴系校中:校正液压联轴器法兰,再校正齿轮箱输出法兰与主机飞轮。即以艉轴系为基准校正齿轮箱,再以齿轮为基准校正主机。对于已经与液压联轴器安装成一体的艉轴自由放置在艉管内,会因受重力影响中段下垂,在进行校中时要注意检查并排除挠度影响。

其次,对于中间轴,在两端距法兰端面 1/5 处设置临时支撑定位,然后采用直尺法找正,调整中间临时支撑的位置,使艉轴与中间轴法兰满足规范要求。

最后,对轴系各轴段的联轴器和法兰,以及中间轴承、齿轮箱和主机的安装底座依次进行安装固定。

 工作流程与活动

1. 船舶轴系的日常管理。
2. 艉轴密封装置的管理和检查。
3. 推力轴承的管理要点。
4. 船用齿轮箱的日常管理要点。

学习任务 一
船舶轴系的操作与管理

学习目标

1. 能进行船舶轴系的日常管理；
2. 能完成艉轴密封装置的管理和检查；
3. 能熟知推力轴承的管理要点；
4. 能熟知船用齿轮箱的日常管理要点。

训练设备

船舶轮机综合实训室主推进动力装置操作区 6200ZC 主柴油机。

工作情景描述

　　船舶轴系是船舶动力装置中的重要组成部分，它是一根(或一组)一端与主机或减速齿轮箱输出轴相连，另一端与螺旋桨相连的传动轴及其轴承和其他附件组成的系统之总称。

　　轴系的作用是将主机发出的功率传给螺旋桨，同时承受螺旋桨产生的推力，并将此推力通过推力轴承传给船体，从而使船舶前进或后退。

　　内河船舶多为单螺旋桨和双螺旋桨推进，相应地船舶轴系也分为单桨轴系和双桨轴系。但无论是单桨轴系，还是双桨轴系，其基本组成都是相同的。

课堂训练内容

训练内容 1：船舶轴系的日常管理

　　(1)船舶开航前，应仔细检查轴系各运转部位有无障碍物，并检查各轴承及联轴的坚固螺栓有无松动，如有松动，则应及时固紧，以确保运转安全。

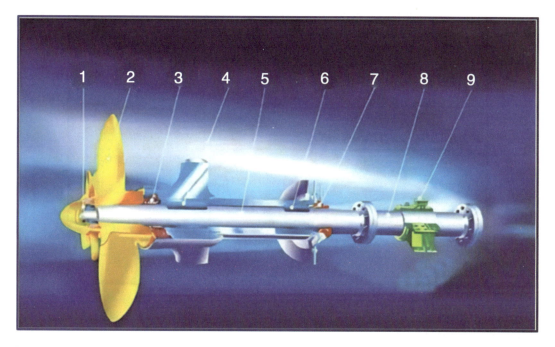

图 2-2　船舶轴系

1—导流帽;2—螺旋桨;3—后密封装置;4—后艉管轴承;5—螺旋桨轴;6—前艉管轴承;7—前密封装置;8—中间轴;
9—中间轴承

（2）对于非压力润滑的推力轴承和中间轴承,备车前应向轴承内加润滑油至规定油位;对于压力润滑的推力轴承,应检查油路、冷却水管路是否畅通。

（3）采用重力式油润滑的艉轴承,开航前应向油柜注满油。打开与艉轴管接通,用手摇泵压轴至回油管有油流出为止,然后将三通阀打开,使重力油柜与艉轴管直通,保证油自动补充。

（4）用水润滑的艉轴管装置,开航前应适当松开首端填料压盖,以保证密封处的润滑。停航时则应将压盖收紧。

（5）航行中每工班巡回检查格空部件工作的可靠性和安全性,检查时保证润滑油的油量和冷却水效果。如发现轴身振动、有不正常噪声、密封不严或轴承温度过高等情况,应及时查找原因并尽快消除,必要时可停航检查、修复。

训练内容 2:艉轴密封装置的管理和检查

艉轴密封装置属水下工程,日常管理难度大。坞修时应认真检查密封装置,如:

（1）橡皮环是否变形、老化。橡皮环唇口是否有缺陷,若有则换新。

（2）油气筒各密封环带是否有磨损,若磨损严重则应换新。

（3）油封骨架是否磨损、变形或存在其他缺陷,若有以上情况,则换新。

（4）艉轴锥体跳动量:艉轴转速小于等于 500 r/min 的,不大于 0.30 mm;艉轴转速大于 500 r/min 的,不大于 0.25 mm。

（5）艉轴密封装置压油试验要求:从回油管开始回油起继续泵油 3 min,密封装置不允许滑油泄漏,应慢慢撬开转动轴系检查,试车时,内套筒油封处滑油渗出橡皮环唇口每分钟不应超过三滴。

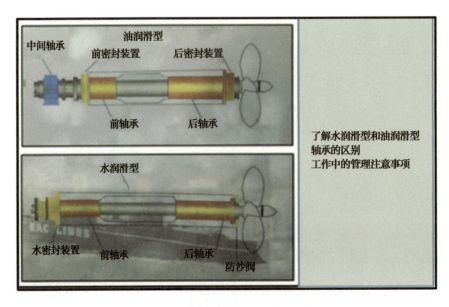

图 2-3 水润滑型轴承和油润滑型轴承

图 2-4 艉轴密封装置

(6)艉轴密封装置是不允许外漏造成水域污染的。

训练内容3:推力轴承的管理要点

(1)运转中检查轴承的温度,不能超过65 ℃,一般控制在45~55 ℃,以防温度过高,降低滑油黏度,破坏油膜,导致磨损加剧。

（2）对于飞溅润滑的滑动式推力轴承,应注意检查滑油的油位,其上限不高于下周底的底面,下限不低于推力盘的外缘,一般在油位表刻度的 $1/2\sim2/3$ 为宜。

（3）定期检查滑油质量,发现变质或黏度降低,应查找、分析原因,及时处理;冷却系统要保证管路畅通,冷却水量充足。

训练内容4:船用齿轮箱的日常管理要点

（1）系统检查:检查工作油管、润滑油管、冷却水管及备用泵各种阀件和仪表等设备的工作状态是否正常。

（2）油位检查:检查齿轮箱油位是否正常。

（3）动车前检查:把齿轮箱换向阀操作手柄推到空车位,盘车转动主机应转动自如。

（4）齿轮箱合排应在低速运转一段时间后,再慢慢逐渐提高转速,同时调节好冷却水流量,直至保持温度恒定为止。

（5）定期检查螺栓的紧固情况。

（6）定期清洗过滤器。

（7）认真观察倒顺车三位四通阀工作状态、合排时间,若过长或过短应及时调整延时阀。

训练步骤

1.指导教师对照轮机综合实训室主推进动力装置6200ZC主柴油机操作区讲解船舶轴系的作用、结构、日常维护管理要点。

2.学员在指导教师的指导下对轴系进行检查,并学会压艉轴油。

3.指导教师对照轮机综合实训室主推进动力装置6200ZC主柴油机操作区讲解船舶艉轴密封装置的位置、管理和检查要点。

4.指导教师对照轮机综合实训室主推进动力装置6200ZC主柴油机操作区讲解船舶推力轴承位置、类型及管理要点。

5.学员在指导教师的指导下阐述船用齿轮箱的外部附件的功用。

6.指导教师对照轮机综合实训室主推进动力装置6200ZC主柴油机操作区讲解船用齿轮箱的日常管理要点。

课堂组织

1.事先对学员按5人为1组进行分组。

2.各小组派代表进行课堂发言、示范与交流。

3.按分组情况派代表叙述学习成果,说明本次任务完成情况,并对本小组进行分析总结。

4.指导教师对各组操作进行现场点评。

练习与思考

1. 简述船舶轴系的日常管理注意事项。
2. 简述艉轴密封装置的管理和检查要点。
3. 简述推力轴承的管理要点。
4. 简述船用齿轮箱的日常管理要点。

工作总结与评价

 学习目标

1.能结合自身任务完成情况,正确规范撰写工作总结;

2.能按分组情况,分别派代表叙述工作成果,说明本次任务完成情况,并对本小组进行分析总结;

3.能就本次任务出现问题,提出整改措施;

4.能对本次工作进行反思,并能与他人交流,总结工作经验。

学习过程

1. 个人自我评价

2. 小组评价

3. 教师评价

(1)教师对各组完成优点进行评价:

(2)找出各组完成的缺点,提出改进方案:

(3)对整个任务完成的亮点和缺点进行点评:

4. 评价与分析表

班级：	组别：	姓名：

小组成员：

项目	自我评价（10%）			小组评价（20%）			教师评价（70%）		
	8~10	6~8	1~5	8~10	6~8	1~5	8~10	6~8	1~5
学习任务（ ）									
学习任务（ ）									
学习任务（ ）									
学习任务（ ）									
学习任务（ ）									
安全文明									
规范操作									
协作精神									
纪律观念									
工作态度									
学习主动性									
工作完成质量									
小　计									
总　评									

班级：	组别：			姓名：					
小组成员：									
项目	自我评价（10%）			小组评价（20%）			教师评价（70%）		
	8~10	6~8	1~5	8~10	6~8	1~5	8~10	6~8	1~5
学习任务（　）									
学习任务（　）									
学习任务（　）									
学习任务（　）									
学习任务（　）									
安全文明									
规范操作									
协作精神									
纪律观念									
工作态度									
学习主动性									
工作完成质量									
小　计									
总　评									

项目三

船舶舵机的操作与管理

 学习目标

1. 能熟知航行中舵机日常运行管理工作要点；
2. 能掌握舵机系统空气的排除方法；
3. 能熟知舵机充液操作的要求及注意事项；
4. 能熟知液压舵机系统修理后的检验内容；
5. 能独立完成对液压舵机系统修理后的试舵。

 建议学时

6 学时。

 工作情景描述

操舵装置是保证船舶安全航行最重要的设备之一，主要包括转舵动力设备、转舵机构和操作系统。目前人们习惯将整个操舵装置称为舵机。

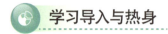 **学习导入与热身**

1. 简介

舵机是用以操纵船舶、控制或改变船舶航向的重要设备,对船舶航行至关重要。操舵装置是否处于可用的良好状态,直接关系到船舶的航行安全,是船舶安全检查的一项重要内容。

2. 操舵装置

能够使舵转动的装置称为操舵装置,通常指安装在舵机室内的舵机和传动机构,分为主操舵装置和辅操舵装置。主操舵装置是指在正常航行的情况下为驾驶船舶而使舵产生动作所必需的机械,包括转舵机构、舵机装置动力设备及其附属设备向舵杆传递转矩的部件;辅操舵装置是指在主操舵装置失效时为驾驶船舶所需的设备。

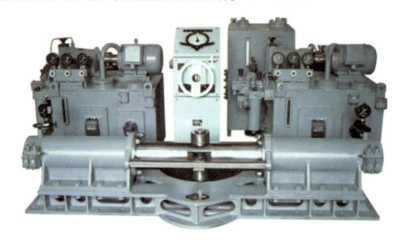

图 3-1　液压舵机

3. 操舵装置控制系统的基本技术要求

根据中国船级社《钢质内河船舶建造规范》(2016 年),对舵机的基本要求为:

(1)在航船舶应根据其用途和航区设置一套动力或人力(机械或液压)操舵装置。

(2)动力操舵装置应具有两台操舵能力相同的舵机装置动力设备。

(3)两台舵机装置动力设备的布置应:

①对转舵扭矩大于 16 kN·m 的电控型舵机,其动力设备的管系和附件应互相独立设置。仅在油缸入口隔离阀处汇合。当其管系或一台动力设备发生单项故障时,此缺陷能被隔离,且能迅速转换至另一台使用,转换时间应不大于 10 s,并应设有转换的信号标志。

②对转舵扭矩不大于 16 kN·m 的电控型舵机,如动力设备的管系和附件非互相独立设置,则共用部分的管路尽可能短,并应在换向阀处设置手动转向器。当一台动力设备发生故障时,此缺陷能被隔离,且能迅速转换至另一台使用,转换时间应不大于 10 s,并应设有转换的信号标志;当换向阀发生故障时,此缺陷能被隔离,操纵手动转向器,使操舵能力能够保持。

(4)对航行于非急流航段的船舶,转舵扭矩大于 16 kN·m 的液控型和机控型舵机均应设置备用换向阀,正常操舵的换向阀与备用换向阀之间应能有效地隔离,并设有转换装置进行切换。

(5)舵机装置动力设备可采用由两台主机分别驱动液压泵的形式,也可采用一台液压泵由主机驱动,另一台液压泵由独立的动力驱动。

主机驱动的液压泵应采用恒流泵,否则应另设蓄压器或手动泵。

(6)对动力操舵装置,船舶在以最大营运航速前进时,每台操舵装置动力设备的转舵时间均应满足下列要求:

①对转舵角度为±35°的舵机,舵从一舷35°转至另一舷30°时:

i.急流航段的船舶转舵时间≤12 s,对于船长小于30 m的船舶≤15 s;

ii.非急流航段的船舶转舵时间≤20 s。

②对转舵角度为±45°的舵机,舵从一舷45°转至另一舷40°时:

i.急流航段的船舶转舵时间≤15 s;

ii.非急流航段的船舶转舵时间≤25 s。

(7)船舶在最大营运航速前进时,舵从一舷35°转至另一舷30°的操纵手轮的力和转舵时间应符合表3-1的规定。

表3-1　最大营运航速下的转舵时间要求

	急流航段船舶	非急流航段船舶
操纵手轮的力/N	≤147	≤147
转舵时间/s	≤15	≤20

(8)急流航段船舶的电动或电动液压操舵装置还应设置应急能源;转舵扭矩大于16 kN·m的船舶还应设置应急操舵装置控制系统、应急操舵动力设备。其配置和性能应满足下列要求:

①除转舵扭矩大于16 kN·m的船舶应采用蓄电池组作应急能源外,其余船舶可采用蓄压器或手动液压泵作应急能源。

②转舵扭矩大于16 kN·m的船舶的应急操舵装置控制系统及应急操舵动力设备的管系和附件,应与正常操舵装置互相独立设置,仅在油缸入口隔离阀处汇合,但两台正常动力设备可共用同一输入油缸的管路。其应布置成当正常动力设备或管系发生单项故障时,此缺陷能被隔离,并自动起动应急操舵系统,转换时间应不大于10 s。

(9)转舵扭矩大于16 kN·m的船舶的应急操舵装置动力设备,其转舵时间应满足上述对急流航段船舶的要求;转舵扭矩不大于16 kN·m的操舵装置动力设备的应急能源,应能满足船舶在60%最大营运航速前进时(一般相当36%的转舵扭矩),舵从一舷15°转至另一舷15°的转舵时间不大于155 s。

(10)对三峡库区船舶的要求:

①需通过三峡大坝的船舶,应分别符合上述对急流航段船舶的规定。

②航行于三峡库区非急流航段且不通过三峡大坝的船舶,船舶在以最大营运航速前进时,时间应分别符合下列规定:

i.对转舵角度为±35°的舵机,舵从一舷35°转至另一舷30°时:

（i）动力操舵装置的船,转舵时间<15 s;

（ii）人力操舵装置的船,转舵时间≤18 s。

ii. 对转舵角度为±45°的动力舵机,舵从一舷45°转至另一舷40°时的船舶转舵时间为18 s。

③通过三峡大坝的船舶以及航行于三峡库区长江干流非急流航段的客船(包括Ⅰ型客滚船、Ⅱ型客滚船、车客渡船)、油船、散装运输液化气体船、散装运输危险化学品船的电动或电动液压操舵装置,应备有应急能源且符合相关规定。

（11）当采用非随动操纵方式时,阀控型液压操舵的冲舵角应不大于2°,舵在任何位置均不应有明显的跑舵现象;当采用液压或机械操纵方式时,滞舵时间应不大于1 s,操舵手轮(如有时)的空转应不大于半圈。

（12）电动舵角指示器的最大误差应不超过±1°;对其他舵角指示器的最大误差应不超过+1.5°。当采用随动操舵方式时,舵的实际转角与驾驶台舵角指示器指示的舵角最大误差不应超过±1°。

 工作流程与活动

1. 简述航行中舵机日常运行管理工作要点。
2. 简述舵机系统空气的排除方法。
3. 简述舵机充液操作的要求及注意事项。
4. 简述液压舵机系统修理后的检验内容。
5. 简述液压舵机系统修理后的试舵操作步骤。

学习任务 一
船舶舵机的操作与管理

 学习目标

1. 能熟知航行中舵机日常运行管理工作要点；
2. 能掌握舵机系统空气的排除方法；
3. 能熟知舵机充液操作的要求及注意事项；
4. 能熟知液压舵机系统修理后的检验内容；
5. 能独立完成对液压舵机系统修理后的试舵。

 训练设备

船舶轮机综合实训室舵机系统。

图 3-2 拨叉式液压转舵机构

工作情景描述

　　舵机是船舶上的一种大甲板机械。舵机是一种位置（角度）伺服的驱动器,适用于那些需要角度不断变化并可以保持的控制系统。

　　船用舵机多用电液式,即液压设备由电动设备进行遥控操作,有两种类型:一种是往复柱塞式舵机,其原理是通过高低压油的转换功从而产生直线运动,并通过舵柄转换成旋转运动;另一种是转叶式舵机,其原理是高低压油直接作用于转子,体积小而高效,但成本较高。

 课堂训练内容及步骤

训练内容1:航行中舵机日常运行管理工作要点

(1)每小时对舵机房来回检查一次。

(2)检查各运转部件有无异响过热情况,各油路的油压、油温的仪表显示读数是否正常。

图3-3　舵机油箱

(3)检查系统在工作中有无异常的冲击动现象。

(4)检查油、油缸及各油管接头是否有无油现象。

(5)对各人工润滑部位每班加油一次。

(6)保持油箱处于3/4的油位高度、油温。

(7)检查电气控制箱是否正常,线路接头有无松动现象。

(8)检查应急操舵装置是否处于备用状态。

(9)在船舶使用急倒车时应到机房监视机处工作。

(10)发现异常应及时处理并报告轮机长,并做好记录。

图3-4　应急舵机

训练步骤

（1）指导教师介绍舵机系统的结构。
（2）指定学员检查舵机油箱的油位。
（3）指定学员检查电气控制箱。
（4）指定学员检查应急操舵装置。
（5）指导学员起动舵机。
（6）指定学员检查舵机运行中各处温度。
（7）指导学员检查舵机的转舵时间。

训练内容2：舵机系统空气的排除方法

间断地轮流左右转动舵机，多次开启压力侧的放气阀或螺塞，尽可能排尽系统中留的空气，直至舵机运转平稳且不存在异常声为止。

操作时应注意，在系统中的空气排尽以前，泵不能长时间连续运转，以免将空气搅混在油液中难以驱除。

训练步骤

（1）指导教师示范开启系统中的放气阀或螺塞进行排空操作。
（2）指导学员检查舵机的转舵时间。

图 3-5　操舵手柄

图 3-6　放气阀

训练内容 3：舵机充液操作的要求及注意事项

新装或拆卸检修重新装复的液压舵机,需向液压系统充油。充油的主要注意事项如下:

(1)液压油的品种和牌号应符合说明书的规定。严禁不同品种和牌号的油混用。

(2)油应经过滤后充入油柜,并达最高油位。用泵向系统充油时,应随时向油柜补充油以保证油柜中的吸油管口始终浸没在油中。

(3)防止泵干转。新装或拆检后装复的系统,起动前最好灌入一定量的液压油,并用手转动泵,让油箱的油液逐渐充满泵。若系统设有手动泵,用它向系统充油。

(4)防止转舵机构的柱塞撞击油缸。左右油缸设有旁通阀者,向油缸充油时可开启旁通;未设旁通阀者,可利用机房的操纵机构控制主泵,间断交换地向左右油缸充油。为可靠起见,最好拆下转舵油缸上的放气螺塞或位置较高的管路接头,灌入一定量的油液。

(5)排空气。充液中应开启系统中的放气阀或螺塞,或松开压力表接头排出空气。

　训练步骤

(1)指导教师讲解充油的主要注意事项。

（2）指导教师示范开启系统中的放气阀或螺塞进行排空操作。

训练内容 4：液压舵机系统修理后的检验内容

（1）液压管系、阀件、油缸、柱塞等拆开检验,应无裂纹及明显的擦伤、腐蚀和变形。

（2）液压系统的密封试验,按主油路及操纵油路分别进行,试验压力为该系统最大工作压力的 1.25 倍,历时 5 min,无压力降为合格。

液压系统中各部件,如经过修理,则应在车间以 1.5 倍最大工作压力进行液压试验。

（3）检查舵机上的舵角限位装置的工作可靠性。

（4）液压系统的运转试验,由驾驶台及舵机舱分别操纵,检查各台油泵在各种舵角工况下操纵运转情况,其总时间应不少于 1 h,管系、油泵、油箱等工作温度应不超过 60 ℃;油缸及管系均无异常响声及振动;推舵柱塞与油缸间的油封装置不应有明显的漏油。

（5）检查跟踪装置,舵每转动 5°时,其动作的灵敏可靠性。

（6）检查安全阀或溢流阀,安全阀调整压力是 1.25 倍最大工作压力;溢流阀调整压力是 1.1 倍最大工作压力,当其油压至最大工作压力时,阀开启卸油的工作可靠性。

（7）贮压器的技术状况,按空气瓶的有关检验规定进行。

（8）电源失压报警、过载报警、限位开关以及舵角指示器的工作情况检查。

①当采用非随动操纵方式时,阀控型液压操舵的冲舵角应不大于 2°,舵在任何位置均不应有明显的跑舵(稳舵时舵叶偏离所停舵角)现象;当采用液压或机械操纵方式时,滞舵时间应不大于 1 s,操舵手轮(如有时)的空转应不大于半圈。

②电动舵角指示器的最大误差应不超过 ±1°;对其他舵角指示器的最大误差应不超过 ±1.50°;当采用随动操舵方式时,舵的实际转角与驾驶台舵角指示器的舵角最大误差不应超过 1°。

③检查有无超过规范要求的冲舵、滞舵、跑舵及舵角误差现象。若有,查明具体原因并做相应的调试。

（9）检查应急机组和应急电源的自动投入、供电和工作情况。

（10）互为备用的舵机的电力拖动装置的互换性检查。

（11）互为备用的电动舵机的联锁装置和转换装置检查。

（12）检查操舵时间要求:舵从一舷 35°转至另一舷 30°所需的时间,内河急流航段应不超过 12 s。

 训练步骤

（1）指导教师讲解液压舵机系统修理后的检验内容和规范标准。

（2）指导学员了解液压舵机系统修理后运行中的注意事项。

训练内容 5：液压舵机系统修理后的试舵操作步骤

（1）验明主换向阀或泵的变量机构处于中位后,脱开遥控机构或把转换开关置于舵机间操舵位置。

（2）起动一台泵组,通知驾驶台后在机房操舵。使舵从 0°转至一舷 35°,再转至另一舷

35°,最后回中。在此同时,间断地开启压力侧油路上的放气阀或螺塞排空气观察电流、油压、密封和机电运转情况;注意有无异常响声和气味;核对转舵时间是否符合要求。

(3)分别起动其他泵组,进行同样的检查。

(4)接通遥控机构或把转换开关置于遥控位置,通知驾驶台试舵。分别起动各泵组,向两舷做5°、15°、25°、35°的操舵试验。观察舵机运转情况,核对指令舵角(操舵角)、实际舵角和指示舵角是否一致。

(5)用备用的遥控机构或其他应急操舵装置做同样试验。

(6)试验完毕后,通知驾驶台,停泵,待开航。

训练步骤

(1)指导教师示范开启系统中的放气阀或螺塞进行排空操作。

(2)指导学员检查舵机的转舵时间。

课堂组织

1.事先对学员按5人为1组进行分组。

2.各小组派代表进行课堂发言、示范与交流。

3.按分组情况派代表叙述学习成果,说明本次任务完成情况,并对本小组进行分析总结。

4.指导教师对各组操作进行现场点评。

练习与思考

1.简述舵机日常运行管理工作要点。

2.简述舵机在航行中的特别工作要点。

3.简述舵机系统空气的排除方法。

4.简述舵机充液操作的要求及注意事项。

5.简述液压舵机系统修理后的检验内容。

6.简述液压舵机系统修理后的试舵操作步骤。

工作总结与评价

 学习目标

1.能结合自身任务完成情况,正确规范撰写工作总结;

2.能按分组情况,分别派代表叙述工作成果,说明本次任务完成情况,并对本小组进行分析总结;

3.能就本次任务出现的问题,提出整改措施;

4.能对本次工作进行反思,并能与他人交流,总结工作经验。

学习过程

1.个人自我评价

2.小组评价

3.教师评价

(1)教师对各组完成优点进行评价:

(2)找出各组完成的缺点,提出改进方案:

(3)对整个任务完成的亮点和缺点进行点评:

4.评价与分析表

班级：			组别：			姓名：		
小组成员：								
项目	自我评价(10%)			小组评价(20%)			教师评价(70%)		
	8~10	6~8	1~5	8~10	6~8	1~5	8~10	6~8	1~5
学习任务(　)									
学习任务(　)									
学习任务(　)									
学习任务(　)									
学习任务(　)									
安全文明									
规范操作									
协作精神									
纪律观念									
工作态度									
学习主动性									
工作完成质量									
小　计									
总　评									

班级：	组别：	姓名：

小组成员：

项目	自我评价（10%）			小组评价（20%）			教师评价（70%）		
	8~10	6~8	1~5	8~10	6~8	1~5	8~10	6~8	1~5
学习任务（　）									
学习任务（　）									
学习任务（　）									
学习任务（　）									
学习任务（　）									
安全文明									
规范操作									
协作精神									
纪律观念									
工作态度									
学习主动性									
工作完成质量									
小　计									
总　评									

项目四

船舶电站的操作与管理

 学习目标

1. 能熟知发电柴油机的起动操作工作步骤及注意事项；
2. 能掌握船舶配电板的操作与管理要点；
3. 能独立完成发电机的并车、解列操作；
4. 能维护管理蓄电池；
5. 能管理船舶异步电动机。

 建议学时

10 学时。

 工作情景描述

　　船舶电站,是指船舶上将机械能转换成电能并对其进行监视、控制、测量、分配和保护的装置,由船舶电源、船舶电力网络、配电系统设备和电力系统保护设备等组成。按电源可分为主电源(主发电机组)、应急电源(应急发电机组、蓄电池组、弱电电源)、辅助电源(辅助发电机组)和岸电箱。配电网络可分为主电网、应急电网、照明电网和弱电电网。配电和保护设备有主配电屏、应急配电屏、发电机保护设备和电网保护设备等。

1. 发电机组简介

发电机组是把化学能转化为电能的装置,是船舶电站最重要的装置。发电机组发出的电力是通过配电板来进行控制及分配。带动发电机运转的原动机一般为柴油机,相应的发电机组称为柴油发电机组。以供照明电源为主。

在柴油机船上,有 2~3 台发电机组,由单独设置的中速或高速柴油机驱动。容量据全船电动机械设备的数量确定,普遍采用 400 V 三相交流电,频率有 50 Hz 电源。

图 4-1　柴油发电机组

2. 主配电板简介（见后图）

船舶电力系统是船舶动力和控制的核心部分。随着船舶日趋向大型化、电气化转变,电力系统担负着更加重要的任务。主配电板是船舶电力网中的一个重要环节,电能从主配电板通过电缆,经过中间分配电装置(区域配电板、分配电箱等),送往各电气用户,这就要求电网在发生故障或局部破损等情况下,仍能保证对负载的连续供电,并限制故障的发展和将故障的影响限制在最小范围之内。

3. 并车简介

起动待并发电机组。

先检查起动条件:冷却水、滑油、燃油、起动气源或电源,然后起动待并机的原动机,使其加速到接近额定转速。

（1）起动后检查发电机的三相电压

用电压表测待并发电机和电网的电压,观察待并机的电压,看是否建立起额定电压(一般可不必进行调整,因有自动调压器的作用),是否缺相。

（2）进行频率预调、精调

接通同步表，检测电网和待并发电机的差频大小和方向，通过调速开关调整待并机组转速，使待并机与电网的频率接近。再将同步表选择开关转向待并机，先调整频差，精确调节待并机的原动机转速，使待并发电机的频率比电网频率稍高（约 0.3 Hz），此时可看到同步表的指针沿顺时针"快"方向缓慢转动。

根据同步表检测相位差，在将要达到"相位一致"时将主开关合闸，合闸指令应有提前量，提前时间为主开关的固有动作时间。如图 4-2 所示，当同步表指针转到上方 11 点位置时，应立即按下待并机的合闸按钮，此时自动空气断路动，指针约 3 s 转动一圈。

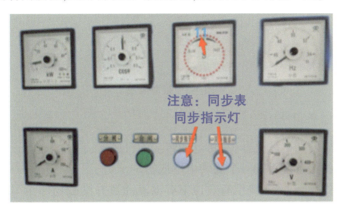

图 4-2　并车操作指示

（3）捕捉同相点进行合闸

操作器立即自动合闸，随后待并发电机投入电网运行。

（4）转移负载

此时待并机虽已并入电网，但从主配电板上的功率表可以看出，它尚未带负载，为此，还要同时向相反方向调整两机组的调速开关，使刚并入的发电机加速，原运行的发电机减速，在保持电网频率为额定值的条件下，使两台机组均衡负荷。

（5）切除同步表

最后断开同步表，并车完毕。

4. 蓄电池工作原理简介

电瓶，也叫蓄电池，蓄电池是电池的一种，它的工作原理就是把化学能转化为电能。通常，人们所说的电瓶是指铅蓄电池（图 4-3），即一种主要由铅及其氧化物制成、电解液是硫酸溶液的蓄电池。

它用填满海绵状铅的铅板作负极，填满二氧化铅的铅板作正极，并用 22%～28% 的稀硫酸作电解质。在充电时，电能转化为化学能，放电时化学能又转化为电能。电池在放电时，金属铅是负极，发生氧化反应，被氧化为硫酸铅；二氧化铅是正极，发生还原反应，被还原为硫酸铅。电池在用直流电充电时，两极分别生成铅和二氧化铅。移去电源后，它又恢复到放电前的状态，组成化学电池。铅蓄电池是能反复充电、放电的电池，叫作二次电池。它的电压是 2 V，通常把三个铅蓄电池串联起来使用，电压是 6 V。汽车上用的是 6 个铅蓄电池串联成的 12 V 的电池组。普通铅蓄电池在使用一段时间后要补充蒸馏水，使电解质硫酸保持在 22%～28% 的浓度。

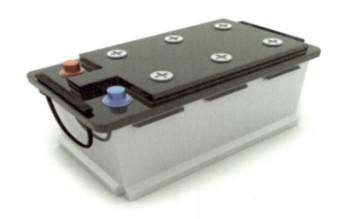

图 4-3 铅蓄电池

5. 电动机的工作原理及结构

电动机是一种旋转式电动机器,它将电能转变为机械能,它主要包括一个用以产生磁场的电磁铁绕组或分布的定子绕组和一个旋转电枢或转子。

在旋转磁场的作用下,定子绕组有效边中有电流通过并受磁场的作用而使其转动。根据电机可逆性原则,如果电动机在其结构上没有发生任何改变,电机可作电动机使用,也可作发电机使用。电动机的做功部分做旋转运动的,这种电动机称为转子电动机;也有做直线运动的,称为直线电动机。电动机能提供的功率范围很大,从毫瓦级到千瓦级。机床、水泵,需要电动机带动;电力机车、电梯,需要电动机牵引;家庭生活中的电扇、冰箱、洗衣机,甚至各种电动机玩具都离不开电动机。电动机已经应用在现代社会生活中的各个方面。

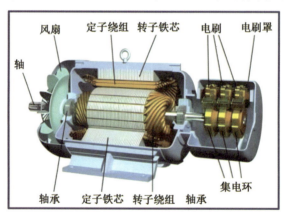

图 4-4 电动机结构示意图

 工作流程与活动

1. 发电柴油机的起动操作。
2. 船舶配电板的操作与管理。

3. 发电机组的并车、解列操作。

4. 蓄电池的操作管理。

5. 船舶异步电动机的日常管理。

学习任务 一
发电柴油机的起动操作

 学习目标

掌握发电柴油机的起动操作工作步骤及注意事项。

 训练设备

船舶轮机综合实训室配电板、发电机组、蓄电池及充电设备。

图 4-5　柴油机发电机组

 工作情景描述

训练内容 1：发电柴油机起动前的准备工作

（1）检查膨胀水箱的水位，不足则应补充；检查江、淡水泵的进出口阀是否已开启。

（2）检查日用燃油柜的油位，不足则应补充；并打开放残阀放净残水，检查燃油出油是否已打开。

（3）检油底壳、高压油泵凸轮轴室以及调速器、增压器等处润滑油的油位与油质,应确保在规定范围之内。

（4）检查起动电瓶的电量是否充足,不足应充电至规定值。

（5）手动盘车 2 圈以上,检查各运动部件转动是否灵活。

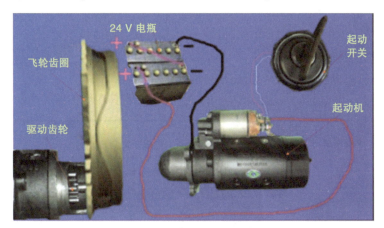

图 4-6   电力起动示意图

训练内容 2：电力起动柴油机的起动操作步骤

（1）用比重计检查蓄电池组的电量是否充足；

（2）检查起动系统电路接线；

（3）做好柴油机的备车工作；

（4）合上起动电动闸刀；

（5）打开起动钥匙,按下起动按钮,在听到柴油机正常发火声后,立即松开起动按钮；

（6）起动成功后关闭起动钥匙,拉下起动闸刀。

训练步骤

1.指定学员检查发电机燃油系统油位、放残水；

2.指定学员检查润滑系统油位、预供油；

3.指定学员检查膨胀水箱的水位,若不足,补水,并叙述膨胀水箱的作用；

4.指定学员检查起动电瓶电压；

5.指导学员盘车；

6.指导学员起动发电机组；

7.指导学员调整发电机组的电压、频率。

课堂组织

1.事先对学员按 5 人为 1 组进行分组。

2.各小组派代表进行课堂发言、示范与交流。

3.按分组情况,分别派代表叙述学习成果,说明本次任务完成情况,并对本小组进行分析总结。

4.指导教师对各组操作进行现场点评。

 练习与思考

1.简述发电柴油机起动的步骤。

2.简述发电柴油机起动后的特别注意事项。

3.结合图 4-7 认识电起动马达的结构,并结合实物说明其在维护保养中的注意事项。

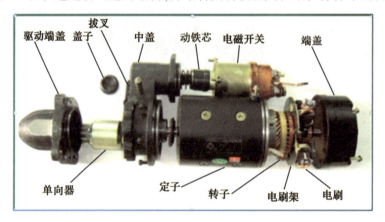

图 4-7 电起动马达结构示意图

学习任务 二
船舶配电板的操作与管理

 学习目标

1. 能熟记主配电板的组成;
2. 能熟记主配电板的功能;
3. 能掌握总配电板定期检修的工作内容要点。

 训练设备

船舶轮机综合实训室船舶电站配电板、发电机组、蓄电池及充电设备。

 工作情景描述

主配电板是船舶电站的重要组成部分,船舶电力系统的发电、配电都集中在主配电板进行控制、保护、测量和监视。主配电板一般由多个控制屏所组成。根据各个屏的控制对象或作用不同,可分为发电机控制屏、并车屏、动力负载屏、照明负载屏等。所有发电机和负载均可接至公共母线(汇流排)上。

 课堂训练内容及步骤

训练内容1:认识主配电板的组成

1. 发电机控制屏

发电机控制屏作用:控制、调节、监视和保护发电机组。

发电机控制屏组成:上部为测量仪表,包括:电流表(测线电流)、电压表(测线电压)、频率表、功率表、功率因数表、仪用互感器、转换开关和指示灯、不装逆序继电器等;

中部为主开关、调速开关、充磁开关、指示灯等;

下部为自励恒压装置,包括:移相电抗器、变压器等。

2. 并车屏

并车屏作用:(1)发电机进行并车、整步操作用。

(2)可以操纵任一台发电机的调速、投入与切除、自动或半自动并车。

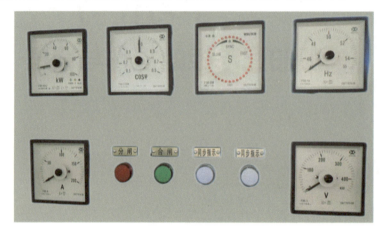

图 4-8　并车屏

3. 负载屏

负载屏作用:用于对各供电分路进行控制、监视和保护,将电能分配给船上各用电设备和分电箱。包括:动力负载屏和照明负载屏。

负载屏组成:主要有装置式自动空气开关、绝缘指示灯、兆欧表、与岸电箱相连的岸电开关等。

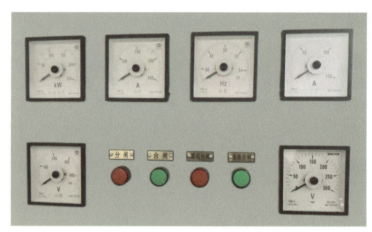

图 4-9　负载屏

(1)万能式自动空气开关(断路器)

万能式自动空气开关是船舶配电装置中重要的配电保护电器。它既是一种开关电器,又是一种保护电器。当电网上出现短路、过载或欠电压时,它能检测过电流或欠电压并能自动断掉以实现对发电机的保护。同时在正常条件下可用手动接通和断开电路。

(2)调节发电机电压的励磁调节电阻,作调压或转移负载用。

（3）调节发电机频率的控制开关，即为原动机调速器伺服马达的正反转控制开关，用来调节电网频率和并车整步、转移负载。开关手柄能自动复位，平时在中间断开位置，需要加速或减速时，按铭牌标志方向向左或向右扳动手柄。

（4）交流整步屏上装有整步表（同步表）及整步指示灯以及它们的转换开关，平时开关在断开位置，整步时与待并机接通，仪表才投入工作。

（5）具有粗同步并车装置或自动并车装置的整步屏，还装有同步电抗器的接通按钮或自动并车装置投入和切除按钮。

（6）测量和监视发电机参数的仪表有：电流表（A）和电压表（V）及其转换开关，可测量发电机各相电流及各线电压；还有频率表（Hz）、三相功率表（kW）、功率因数表（cosφ）以及直流电流表（A）等，这些仪表可用来观测和监视发电机的运行情况。

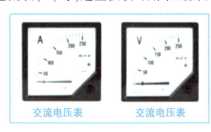  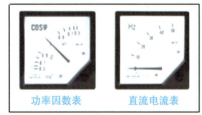

图 4-10　监视仪表

训练内容 2：配电板日常管理及注意事项

（1）值班期间，要检查配电板仪表读数，比如：电压、频率、电流以及功率等读数，并做好记录。

（2）根据船舶工况对发电机及时进行并车或解列，从而保证电站能够合理、经济地运行。

（3）在手动并车操作时，要避免负荷波动较大时并车。并车成功后，要及时关闭同步表。同步表为短时工作制仪表，工作时间一般不超过 15 min。

（4）观察并网发电组的功率分配，通常应按并网机组间额定功率之比进行分配，并保证每台发电机各相电流不得相差超过 10%，每相电流不应超过额定值。

（5）检查主配电板上主开关、接触器是否处于正确位置。重要开关应有提示，以免意外操作。

（6）检查并车屏上的应急发电机组备用指示灯是否亮起。如果不亮，应查明原因，确保应急发电机时刻处于备用状态。

（7）对于故障待修或正在检修的电气设备，要断开电源，并挂"禁止合闸"警示牌，以免误操作引发安全事故。

训练内容 3：配电板的日常维护保养

船舶电站的可靠运行与配电板的良好管理有着密切的关系，所以船舶电气管理人员必须按照船舶公司的规章制度和设备管理要求，结合设备的具体情况，做好日常的维护保养工作。

（1）船舶在营运过程中时常处于颠簸与振动状态，使得船舶主配电板经常发生振动，故障主要出现在振动较强烈的地方，所以要定期确认引起振动的原因并排除故障（如更换减振底座等），以保证其振动频率与共振转速分离。

（2）定期清洁配电板上防尘罩和接线端子等零部件，以免有接触不良的现象。

（3）对配电板上的仪表盘进行定期的检查，检查各仪表指针是否正常，尤其是当负载起动或停车时，更需要观察指针的动作状态是否正常。同时还要对仪表定期进行校验（包括零点和量程等）或更换。

（4）确保配电板上各种保护装置的工作状态正常，并按时对各种保护装置进行检查和维护保养。

（5）通过观察配电板上控制仪表的变化情况，确保相应的转换开关、控制开关的接触状态良好。

（6）确保配电板上各种指示灯及熔断器（保险丝）工作状态良好，对存在问题的指示灯或熔断器应及时更换。

（7）对于发电机控制屏，应注意发电机的输出频率和电压是否稳定。对发电机主开关的操作必须规范、标准，且应定期对触头和内部机械部件进行规范保养，及时清洁灭弧罩。

（8）发电机控制屏上的频率微调旋钮与发电机之间的线路易老化，使得绝缘不好，会导致发电机输出频率电压不稳。定期对自动电压调节器进行维护保养，确保无故障。

（9）时常检测配电屏上起动控制箱里的接触器是否老化，接触是否良好，线路是否有破损与过热现象，内部线路是否排线整齐有序。

（10）按时检测负载屏上的起动/停机开关，确保起动/停机正常。

训练内容4：总配电板定期检修的工作内容要点

（1）校验各逆流继电器，逆动率继电器，空气开关的欠电压、过电流等保护装置是否可靠，必要时予以校正。

（2）用精密可携式电压表、电流表校验配电板上的各种仪表读数是否准确，必要时予以校正，如损坏应予换新。

图 4-11　总配电板

（3）用兆欧表（摇表）测量各部分绝缘电阻，动力线不小于 1 MΩ，照明线不小于 0.5 MΩ。

训练步骤

1. 指导教师介绍配电板发电机控制屏的主要配置及作用。
2. 指导教师介绍配电板并车屏的主要配置及作用。
3. 指导教师介绍配电板负载屏的动力负载屏和照明负载屏主要配置及作用。
4. 指导教师介绍配电板的作用及颜色标志。
5. 指导教师介绍应急配电板的作用。
6. 指导教师介绍配电板充放电板、区配电板、分配电板的作用。
7. 指定学员阐述配电板日常管理及注意事项。
8. 学员阐述交流配电板的日常维护保养要点。
9. 指定学员阐述总配电板定期检修的工作内容要点。
10. 每个学员进行操作并说出注意事项。

图 4-12　汇流排

课堂组织

1. 事先对学员按 5 人为 1 组进行分组。
2. 各小组派代表进行课堂发言、示范与交流。
3. 按分组情况派代表叙述学习成果，说明本次任务完成情况，并对本小组进行分析总结。
4. 指导教师对各组操作进行现场点评。

练习与思考

1. 简述配电屏的分类。
2. 简述配电屏上各设备的作用。
3. 简述配电板定期检修的工作内容要点。

学习任务 三
发电机的并车、解列操作

学习目标

1. 能独立完成船舶发电机的并车操作；
2. 能独立完成船舶发电机的解列操作。

训练设备

船舶轮机综合实训室配电板、发电机组、蓄电池及充电设备。

工作情景描述

为确保船舶的安全航行，在靠离码头、进出狭水道等电力负荷比较高的航行工况，通常需要发电机组并联运行。两台或两台以上的发电机通过公用母线共同向负载供电的运行方式称为发电机并联运行。使两台或多台发电机组处于并联运行的操作称为并车。

课堂训练内容

训练内容 1：电抗器粗同步并车步骤及负载转移

（1）将待并发电机起动并调节转速至额定值。

（2）调整其电压使之与电网电压相等，接入整步表或同步指示灯，调节待并机，使其频率略高于电网频率。

（3）当同步指示灯或整步表表明两发电机接近同步时，按下接入电抗器按钮，发电机通过电抗器接入电网。

（4）由同步指示灯或整步表观察，发电机已牵入同步时，合上并车开关，电抗器此时已被短接，发电机已并入电网（接通整步表开关，使指针缓慢朝顺时针方向转动，调整调速开关时指针转一圈的时间约为 2~5 s，当指针在红线前 11 点左右，见图 4-13，合闸）。

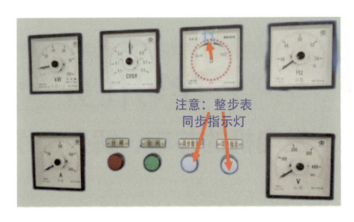

注意：整步表
同步指示灯

图4-13　电抗器粗同步并车

（5）按下切除电抗器按钮,将电抗器切除,再进行负载分配转移并切除整步表。

（6）转移负载:一手顺时针旋转并入发电机的磁场变阻器,与此同时,另一手逆时针方向旋转原运行发电机的磁场变阻器,以达到在电网电压保持不变的情况下转移或分配负载。直到两电流读数相同为止。

训练内容2:并联运行发电机组的手动解列与停机操作

（1）操作基本内容

①手动转移并联运行机组的负载。

②手动解列发电机组。

③手动停机。

（2）手动负载转移

①将待解列机组的"手动/自动"选择开关设定在手动位置上。

②同时向相反方向手动调节2台发电机组的调速开关,并观察功率表和电流表。使待解列机组的油门减小,以逐步减少负载;同时将另一台发电机(运行机组)的油门加大,以逐步增加负载,转移过程中要使电网频率保持恒定。

③观察两台机组负载状态,当解列机组功率小于5%额定功率时,停止转移负载。

（3）手动解列

①按下待解列机的主开关分按钮,将机组解列。

②机组解列后,电网电压和频率会略有下降,此时可手动调节运行机组的调速开关,使频率稳定在额定值上。

（4）手动停机

①调节解列机组的调速开关(降速),当电压降至额定电压的70%左右。

②按解列机组的"停车"按钮,使机组停车。

训练步骤

（1）指导学员起动发电机组。

（2）指导学员调整发电机组的电压、频率。

（3）指导教师示范发电机组并车、解列的操作。

（4）指导学员进行发电机组并车、解列。

课堂组织

1.事先对学员按 5 人为 1 组进行分组。

2.各小组派代表进行课堂发言、示范与交流。

3.按分组情况,分别派代表叙述学习成果,说明本次任务完成情况,并对本小组进行分析总结。

4.指导教师对各组操作进行现场点评。

练习与思考

1.整步表旋转方向和什么因素有关?

2.怎么调整电压?

学习任务 四
蓄电池的操作与管理

 学习目标

1. 能理解蓄电池的结构及工作原理；
2. 能熟记酸性蓄电池电量标准；
3. 能完成对酸性蓄电池的充电；
4. 能熟记蓄电池的维护保养要点。

 训练设备

船舶轮机综合实训室配电板、发电机组、蓄电池组及充电设备。

图 4-14　蓄电池组

 工作情景描述

训练内容 1：蓄电池的维护保养要点

（1）定期检查蓄电池电解液液面高度（高出极板顶部 10~15 mm），根据使用和天气情况，一般要求至少每月检查一次(夏季应适当缩短检查时间),如有不足应补充蒸馏水,注意液面要有余地,以防充电时溢满。

(2)蓄电池上不可放杂物,尤其是金属物品、扳手、工具等,使用电瓶夹子时必须特别注意,正负极不能相碰,以免造成短路,发生危险。

(3)定期检查、清洁蓄电池外表面,残留在蓄电池外表面的电解液、水渍必须擦干,防止极柱夹头生锈,防止表面自行放电。

(4)定期检查接线柱和接线,必要时紧固,定期用温水或碱水擦除接线柱上的氧化物,擦干后涂上适量的凡士林。

(5)定期检查电压(单格电压2.4 V)和电解液相对密度(1.28),当电解液相对密度为1.15~1.17,单格电压为1.7~1.8 V时,可认为放电完毕需进行充电。

(6)蓄电池根据安装和使用情况应合理选择充电方法,主要有初充电、维护性充电和过充电;为消除极板硫化,应按时进行过充电,定期进行全容量放电。对于经常不带负荷的蓄电池,每月应进行一次充、放电。

(7)定期进行维护充电,气塞在充电时均应拧开,充电完毕后应拧上,注液空塞的气孔应保持畅通。

(8)充电过程中,必须经常检查电解液的温度,酸性电解液不宜超过45 ℃。如果温度过高而且尚未充足电,可以停止充电,待温度降低后再充或减小充电电流。

(9)蓄电池室及搁架内应保持清洁,不准堆放杂物或安设与蓄电池无关的装置。在充电时,要保持进出风道畅通,并设防火网。蓄电池室要保持通风,禁止吸烟、明火等,并使用防爆灯具。

图4-15　安全标志

(10)蓄电池在搁架上用木楔拴紧固定,不得有碰撞现象,酸性外壳底需要铺设防腐材料以便隔离,防止积水腐蚀蓄电池架。

(11)安装或移动酸性蓄电池时不可将蓄电池倾斜,钳于端柱或在地面上拖动,以免损坏电池零件、外壳或使电解液溅出。

(12)不经常使用的蓄电池也应及时维护和充电。

训练内容 2：蓄电池的充电操作方法步骤

（1）初次充电

新的蓄电池，在使用前需经过初次充电。初次充电时应先将配制好的相对密度为1.285的冷却了的电解液注入蓄电池内，液面应高出极板顶部10~15 mm。电解液注入后，电池内部发热，要等电池内电解液的温度低于35 ℃时，才能进行初次充电。电解液注入后，其液面高度比初注入时有所低落，这是内部根板吸收的缘故，必再加至规定的高度。自电解液注入电池到开始充电，中间所搁置的时间，一般不应超过24 h。

初次充电分两个阶段进行，第一阶段用1/10电池定容量电流充电使每个小电池是端电压上升至2.4 V，然后转入第二阶段用1/18电池定容量电流充电直到电压和电解液比重在3 h内基本不再变动为止。在充电终了时，再校正电池内的电解液比重，使其相对密度达到1.285，最后用第二阶段1/18电池定容量电流续充电1 h即告完成。

（2）经常充电

对于已使用过的蓄电池的充电工作也分两个阶段进行。第一阶段用1/10电池定容量电流充电使每个小电池是端电压上升至2.4 V，然后转入第二阶段用1/18~1/20电池定容量电流充电后，应再对蓄电池内的电解液比重进行调整，使其相对密度达到1.285左右；第二阶段充电电流继续充电1 h，使蓄电池内的电解液相对密度上下均匀一致，整个充电过程完毕。

（3）过充电

过充电是指，在正常充电后，再用10 h放电率的1/2或3/4的小电流进行充电1 h，然后停1 h，如此反复进行，直到刚一接通充电电源就发生强烈气泡为止。主要是由于蓄电池在日常使用中因为长时间充电不足，或过放电，或其他原因，造成极板硫化，而导致充电时电压和相对密度不足。为了弥补蓄电池的充电不足，使部分硫酸铅氧化还原为二氧化铅和铅，需要对蓄电池进行过充电。

在下列情况下均应进行过充电：

①蓄电池已放电至极限值以下；

②以最大电流放电超过极限限度；

③蓄电池放电后，1~2天没有及时充电；

④蓄电池极板抽出检查，且清除沉淀物；

⑤电解液内混有杂物；

⑥极板硫化。

训练内容 3：蓄电池中电解液的调整与补充方法

酸性蓄电池在充放电过程中，液面会有所降低。虽然电解液会有少许飞溅，但这种损失极少，液面降低主要是因产生气体或蒸发使电解液中的水分减少造成的，因此补充液面至原来的高度时，只能加蒸馏水，不可加酸。

若充电完毕后，电解液的相对密度低于原来值，则应在正常充电后补加相对密度为1.35~1.40的稀硫酸来调整，然后用普通充电电流的一半充电0.5~1 h，以使电解液均匀。若相对密度仍不合适，则重复上述过程。注意在配制电解液时应将硫酸缓慢注入蒸馏水中。

配置电解液时应注意的事项：

（1）操作时必须戴好橡皮手套、防护眼镜，穿好耐酸衣服等防护用品，不能让硫酸或电解液溅在身上,以免烧伤皮肤和烧坏衣服。

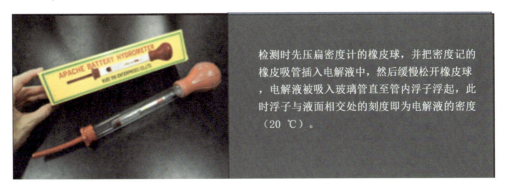

检测时先压扁密度计的橡皮球,并把密度记的橡皮吸管插入电解液中,然后缓慢松开橡皮球,电解液被吸入玻璃管直至管内浮子浮起,此时浮子与液面相交处的刻度即为电解液的密度(20 ℃)。

图 4-16　密度计

(2)配制电解液应用瓷器、陶器、玻璃或铅制的容器,不可用铝以外的其他金属容器。

(3)配制电解液时应将纯硫酸慢慢倒入蒸馏水中,切不可将蒸馏水倒入纯硫酸中,以免发生严重人身伤害事故,配制时应以木棍或玻璃棒慢慢搅动,促使电解液迅速混合均匀。

(4)配制电解液应用蒸馏水,不可用井水、淡水和其他水。

(5)配制电解液时,要对电解液的相对密度(1.28)进行测量,测量时要注意操作安全,测量完毕比重计吸管中的电解液要重新注入蓄电池内,不可随便倒出。

(6)稀释硫酸放热,会使电解液温度升高,配制好的电解液要冷却到 30 ℃以下才能允许注入蓄电池内。

图 4-17　电解液配制

训练内容 4:判断酸性蓄电池电量的标准

(1)充满电标志

①电解液相对密度:酸性蓄电池电解液的相对密度上升且维持在 1.275~1.31。

②单个电池的电压:刚充电时电压即上升至 2.1 V;随着充电时间的增长,电压缓缓增至 2.3 V;再充电几小时后、电压升至 2.6 V 左右基本维持不变。

同时满足以上两个条件就说明此时电池已充满电。

(2)放完电标志

①电解液相对密度:酸性蓄电池电解液的相对密度下降至 1.13~1.18。

②单个电池的电压:刚放电时电压即降至 2~1.95 V;随着放电时间的增加,电压缓缓降至 1.9 V;再放电时电压很快降至 1.8~1.7 V。

同时满足以上两个条件就说明此时电池已放电完毕。

 训练步骤

1. 指导教师讲解蓄电池的结构及工作原理。
2. 指导教师讲解判断酸性蓄电池电量的标准。
3. 指导教师讲解蓄电池充电及充电方法。
4. 指导教师讲解蓄电池过充电与过充。
5. 指导教师讲解蓄电池的日常维护保养要点。

 课堂组织

1. 事先对学员按 5 人为 1 组进行分组。
2. 各小组派代表进行课堂发言、示范与交流。
3. 按分组情况,分别派代表叙述学习成果,说明本次任务完成情况,并对本小组进行分析总结。
4. 指导教师对各组操作进行现场点评。

 练习与思考

1. 怎么用密度计测相对密度?
2. 简述充电的各种方法。

学习任务 五

船舶异步电动机的日常管理

 学习目标

1. 能掌握运行中的异步电动机的管理工作要点；
2. 能了解异步电动机的结构；
3. 能识读电动机铭牌的主要内容；
4. 能识别船舶常见磁力起动器常用控制电器电气符号；
5. 能识读接触器联锁正反转控制电路图。

 训练设备

船舶轮机综合实训室船拆装区各电动机系统。

 工作情景描述

异步电动机是一种交流电机,也称为感应电动机。它是一种将交流电能转化为机械能的设备。现代各种生产机械大都采用异步电动机来驱动。

异步电动机具有结构简单,制造、使用和维护方便,运行可靠及重量轻,成本较低的优点,它还具有较高的效率和接近恒速的负载特性。因此,其在生产实际中得到了最广泛的应用。

异步电动机又分为三相异步电动机和单相异步电动机。三相异步电动机广泛地用来驱动各种金属切削机床、起重机、锻压机、传送带、铸造机械、水泵等。而单相异步电动机常用于功率不大的电动工具和某些家用电器中。

课堂训练内容

训练内容1:运行中的异步电动机的管理工作要点

1.电动机运行时的温度。如温度过高,超过允许的温升,要采取措施降低温度或停止运行,以免电机过载。

2.电动机负载电流的监视。

(1)负载电流不要超过允许值;

(2)三相电流的不平衡度不要超过5%;

(3)特别注意防止电动机缺相运行,若如此应立即停车检查。

3.电网电压的监视。若电网电压过高或过低,应停止工作或适当降低负载以保护电机。

4.电动机的通风与清洁的监视与检查。要确保电机通风畅通,周围无杂物,千万防止电机被水浸湿。

5.注意电动机的振动、声响和气味。如发现其有不正常的振动、异响和绝缘焦臭气味,应立即停车,排除故障。

6.注意保险丝和起动设备工况。保持接触器清洁,接触器正常运行,防止因起动设备故障而引起电机工况改变。

训练内容 2:异步电动机的结构

图 4-18　鼠笼绕线式异步电动机结构示意图

训练内容 3:电动机铭牌的主要内容

1.型号

如 Y132M-4-H 产品型号的电机代码的含义如下:

Y 是产品型号代码,表示异步电动机;

132 是电动机中心高,表示轴与地面的距离为 132 mm;

M 是基座长度为中型;

4 是极数,表示 4 极电机;

H 是特殊环境代码,表示船用电机。

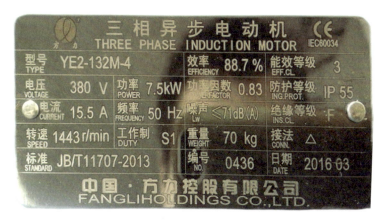

图 4-19　三相异步电动机铭牌

2. 标准编号

标准编号执行的生产标准编号。

3. 额定功率 P_n（kW）

额定功率为额定运行时轴上输出的机械功率。

4. 额定电压 U_n（V）、额定频率 f_n

标准额定电压为 380 V，标准额定频率为 50 Hz。国外产电动机则不同。

5. 额定电流 I_n（A）

额定电指在额定电压、额定频率、额定输出功率下定子绕组的线电流。

6. 额定转速 n_n（r/min）

额定转速指在 f_n、U_n、P_n 下的转速。

7. 定子绕组接法

定子绕组接法可以是 Y 形或 △ 形。

8. 绝缘等级

绝缘等级有 E、B、F 和 H 级，它们允许的最高工作温度分别是 120 ℃、130 ℃、155 ℃ 和 180 ℃。根据绝缘等级可以确定该电机的允许温升。注意，电机机壳的温度不是电机温度的最高点。

9. 防护等级

如防护等级 IP44 中，第一个"4"表示防溅水；第 2 个"4"表示防止大于 1 mm 固体进入电机。

10. 运行方式

运行方式有连续、短时和断续三种。
连续运行：指在正常条件下，运行不受时间限制。

S1 表示连续工作制；
S2 表示短时工作制；
S3 表示断续周期工作制。

训练内容4：识别船舶常见磁力起动器常用控制电器电气符号

1. 热继电器

热继电器主要对电动机实现过载保护，避免电动机长时间超载运行而损坏。热继电器动作后须按下复位按钮才能复位。电气符号如图4-20所示。

(a) 发热元件　　　　　(b) 常闭触头　　　　　(c) 常开触头

图 4-20　热继电器

2. 接触器

接触器主要用来频繁地接通或断开电动机或其他设备的主电路。电气符号如图 4-21 所示。

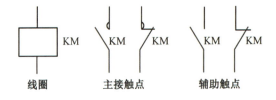

线圈　　　　　主接触点　　　　　辅助触点

图 4-21　接触器

3. 按钮

电气符号如图 4-22 所示。

常开按钮（常用做"起动按钮"）　　　　　常闭按钮（常用做"停止按钮"）

图 4-22　按钮

4. 断路器

电气符号如图 4-23 所示。

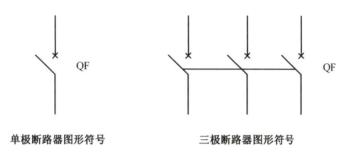

单极断路器图形符号　　　三极断路器图形符号

图 4-23　断路器

5. 熔断器和指示灯

电气符号如图 4-24 所示。

串接入电路中起短路保护作用

熔断器符号

指示灯符号

图 4-24　熔断器和指示灯

训练内容5:检查电气控制箱

使用中的电气控制箱应定期进行检修、保养,在航行中检修停用设备的电气控制箱或备用设备的电气控制箱,停靠码头和锚泊时,可以检修服务于主机的各类泵的电气控制箱,检修时应切断电源。对远离电气控制箱的电源开关要挂上修理告示牌,写明"进行检修,不得合闸"等字样。除修理人员外,任何人不得移动告示牌,以保证检修安全。

(1)船舶电气控制箱的操作注意事项:

①所有电气控制箱操纵台前应铺设防滑、绝缘毯或木格。

②电气控制箱的门应可靠锁紧,非专业检修人员不得随意打开。

③不准在电气控制箱附近堆放易燃易爆物品和金属等其他物件,并做好清洁保养工作。

④无关人员严禁随意操作电气控制箱上的开关。

⑤值班人员应经常检查控制箱上的指示灯、显示仪表,如有异常应立即报告主管人员。

⑥控制箱内保护继电器跳闸后,应查明原因,不得随意复位合闸。

⑦带有正反转电气设备,如需换向操作,应待设备完全停下来后再进行。

(2)电气控制箱日常维护保养:

①除锈:电气控制箱内电器等装置的零件有腐蚀生锈的地方,必须用砂布或刮刀等除锈,刮磨时应尽量除去氧化物,而少磨去金属。对不导电和不受摩擦的零件表面,刮磨后可涂以凡士林或牛油,涂漆零件上的防锈层剥落时,可在除锈后涂以防锈漆。禁止在接线柱、摩擦接触的平滑面、螺纹、弹簧等上面涂漆。

②触头接触面贴合检查:导电接触面保持洁净光滑,露出金属光泽,便于接触导电。触头初压力、终压力和超行程都应符合规定。触头接触面上的氧化物或烧灼的熔化物可用细锉或玻璃砂纸擦磨,研磨时禁止使用金刚砂布。银制触头可用干布或沾有少量清洗液的湿布擦去灰尘和污物,不宜用砂布等擦磨。打磨时应尽量少磨去金属,打磨后应用干布将擦磨面擦拭干净。禁止用任何滑油或其他油漆涂抹触头,以防接触不良。研磨触头时应保持触头原来形状,不可用力过大使触头变形。

三相触头修理后应保持三个触点同时接触。当触头磨损烧灼严重而无法修整时,应及时更换同类型的备用触头。

③检查电器的电磁机械、灭弧系统和弹簧张力:通电,检查电磁机构在吸合和释放时有无卡阻、行程是否符合要求、吸合时触头的接触压力和贴合情况;断电,检查释放时动、静触头之间的间隙是否足够;清除衔铁铁芯接触面上的灰尘、油污或铁锈;检查灭弧罩安装是否牢固、灭弧栅片数是否缺少,更换振裂破损灭弧罩或烧损严重的灭弧栅;检查弹簧是否完整、弹力是否良好。

④检查各部分机械连接:检查有无零件、螺丝脱落掉入箱内,有无螺母松动;紧固控制箱内导线连接螺丝。

⑤定期用兆欧表测量接触器线圈和线路的绝缘电阻,如电器线圈的绝缘电阻在冷态下低于 0.5 MΩ,应烘干线圈。导线的绝缘不好应换新。

⑥检查控制箱的防水密封垫,更换损坏或变质的密封件。

⑦定期用电吹风、吸尘器清除箱内、箱体通风网及冷却风机的灰尘,保持清洁和散热,每天检查冷却风机运转情况,如风机损坏应及时更换。

⑧定期检查与调整保护电器(热继电器、时间继电器等)的动作值,保证电力设备安全运行。

(3)识读接触器联锁正反转控制电路图(图4-25):

训练步骤

1.指导老师首先带领同学拆装异步电动机,然后讲解重要的组成部分。

2.拿出设置好的电气控制箱,让学生检查并指出控制箱是否完好。

3.让学员自己对电机进行起动与停止操作。

课堂组织

1.事先对学员按5人为1组进行分组。

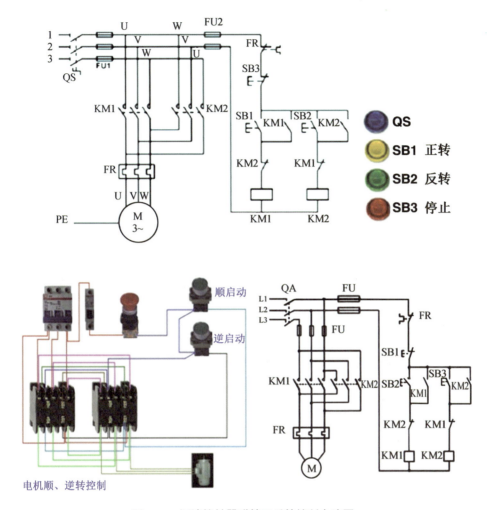

图 4-25　识读接触器联锁正反转控制电路图

2.各小组派代表进行课堂发言、示范与交流。

3.按分组情况派代表叙述学习成果,说明本次任务完成情况,并对本小组进行分析总结。

4.指导教师对各组操作进行现场点评。

练习与思考

1.电机主要由哪几部分组成?每部分的作用是什么?

2.电机起动后应该注意什么?

3.检查电气控制箱,识读接触器联锁正反转控制电路图。

4.简述运行中的异步电动机的管理工作要点。

工作总结与评价

 学习目标

1.能结合自身任务完成情况,正确规范撰写工作总结;

2.能按分组情况,分别派代表叙述工作成果,说明本次任务完成情况,并对本小组进行分析总结;

3.能就本次任务出现的问题,提出整改措施;

4.能对本次工作进行反思,并能与他人交流,总结工作经验。

学习过程

1.个人自我评价

2.小组评价

3.教师评价

(1)教师对各组完成优点进行评价:

(2)找出各组完成的缺点,提出改进方案:

(3)对整个任务完成的亮点和缺点进行点评:

4.评价与分析表

班级：			组别：			姓名：		
小组成员：								
项目	自我评价（10%）			小组评价（20%）			教师评价（70%）		
	8~10	6~8	1~5	8~10	6~8	1~5	8~10	6~8	1~5
学习任务（　）									
学习任务（　）									
学习任务（　）									
学习任务（　）									
学习任务（　）									
安全文明									
规范操作									
协作精神									
纪律观念									
工作态度									
学习主动性									
工作完成质量									
小　计									
总　评									

班级：			组别：			姓名：		
小组成员：								
项目	自我评价（10%）			小组评价（20%）			教师评价（70%）		
	8~10	6~8	1~5	8~10	6~8	1~5	8~10	6~8	1~5
学习任务（　）									
学习任务（　）									
学习任务（　）									
学习任务（　）									
学习任务（　）									
安全文明									
规范操作									
协作精神									
纪律观念									
工作态度									
学习主动性									
工作完成质量									
小　计									
总　评									

项目五

辅助设备的操作与管理

 学习目标

1. 能完成分油机的起动操作及运行管理中的维护保养要点；
2. 能掌握船舶辅锅炉的操作与管理要点；
3. 能掌握活塞式空气压缩机的操作与管理要点；
4. 能掌握起锚机、绞缆机的维护管理工作要点；
5. 能起动、管理运转中离心泵；
6. 能掌握消防水系统的效能试验；
7. 能掌握齿轮泵运行管理中的维护保养要点；
8. 能起动电动往复泵、管理运转中电动往复泵；
9. 能熟记螺杆泵的工作原理和运行管理中的维护保养要点。

 建议学时

40 学时。

 工作流程与活动

1. 分油机的操作与运行管理。
2. 船舶辅锅炉的操作与管理。
3. 活塞式空气压缩机操作与管理。

4. 船舶起锚机、绞缆机的电气的日常管理。

5. 离心泵系的操作与运行管理。

6. 齿轮泵的操作与运行管理。

7. 掌握电动往复泵在起动和运转中的检查和操作步骤。

8. 掌握螺杆泵的使用操作要点。

9. 工作总结与评价。

 学习导入与热身

1. 离心式分油机的工作原理

未经净化分离的燃油由纯油、水分和机械杂质组成,它们的密度各不相同,其中纯油的密度最小,机械杂质密度最大,水分密度居中。如果把燃油置于高速回转的分离筒中,燃油随同分离筒高速回转,燃油中的纯油、水分和机械杂质便处在离心力场中。与沉淀分离利用重力场一样,油、水和机械杂质所产生的离心惯性力各不相同,就会沿着离心力的方向分层。机械杂质的离心惯性力最大,留在分离筒的最外圈;纯油的离心惯性力最小,汇聚在转轴附近;水分则位于两者之间。机械杂质、水分、纯油的离心惯性力要比本身的重力大几千倍,使用离心分油机可以缩短燃油净化时间,提高净化效果。

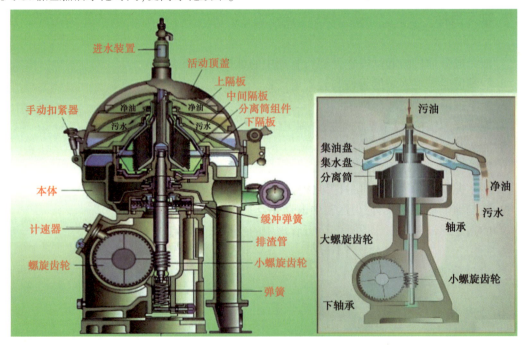

图 5-1　分油机工作原理图

2. 船舶辅锅炉

锅炉是一种能量转换设备,向锅炉输入的能量有燃料中的化学能、电能,锅炉输出具有一定热能的蒸汽、高温水或有机热载体。

"锅"的原义指在火上加热的盛水容器,"炉"指燃烧燃料的场所,锅炉包括锅和炉两大部分。锅炉中产生的热水或蒸汽可直接为工业生产和人民生活提供所需热能,也可通过蒸汽动力装置转换为机械能,或再通过发电机将机械能转换为电能。提供热水的锅炉称为热水锅炉,主要用于生活,也有少量应用于工业生产。

图 5-2　船用火管锅炉

3. 空压机

活塞式空压机在气缸内做往复运动的活塞向右移动时,气缸内活塞左腔的压力低于大气压力,吸气阀开启,外界空气吸入缸内,这个过程称为压缩过程。当缸内压力高于输出空气管道内压力时,排气阀打开。活塞的往复运动是由电动机带动的曲柄滑块机构促成的。曲柄的旋转运动带动活塞进行往复运动。这种结构的压缩机在排气过程结束时总有剩余容积存在。在下一次吸气时,剩余容积内的压缩空气会膨胀,从而减少了吸入的空气量,降低了效率,增加了压缩功。活塞式空压机结构简单,使用寿命长,并且容易实现大容量和高压输出。

4. 锚缆机

(1)起锚机

起锚机是在船上用于收放锚及锚链的机械;

用人力、蒸汽机、电动机、液压马达等作为动力;

通常安装在船的艏楼甲板上。

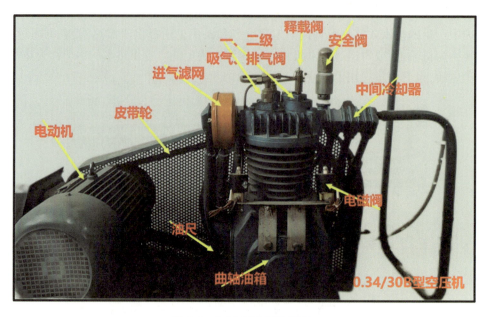

图 5-3　0.34/30B 型空压机

起锚机的发展趋势是用一台机组实现起锚、系泊、自动系泊和带缆等作业。按照驱动形式可以分为：手动、电动、液压。

目前电动起锚机在船舶上应用最为广泛。

图 5-4　起锚机

按船舶所用电制不同，电动锚机有直流电动和交流电动。直流电动锚机调速特性好，使用效率高，但初置费用高，电刷需定期保养。

交流电动锚机调速性能差，通常只能有级变速，依靠变极或依靠电动机与锚机间的一套减速传动机构来获得所需的速度。这套减速传动机构，由于需要的减速比相当大，并考虑变速装置和锚机工作的可靠性等问题，结构比较复杂，重量和占用甲板的面积较大。

减速传动机构常采用球面蜗杆蜗轮传动、正齿轮传动、行星齿轮传动等传动方式。一般来说,行星齿轮减速传动机构的重量轻,体积小,传动效率高,维护保养简便,因而目前应用较多。

（2）绞缆机

绞缆机用于船舶缆绳的收绞,当船舶吃水变化时,能自动收缆绳。

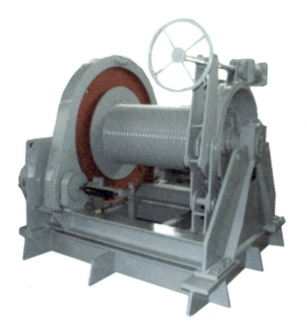

图 5-5　绞缆机

5. 离心泵

离心泵有立式、卧式、单级、多级、单吸、双吸、自吸式等多种形式。离心泵是利用叶轮旋转而使水发生离心运动来工作的。水泵在起动前,必须使泵壳和吸水管内充满水,然后起动电机,使泵轴带动叶轮和水做高速旋转运动,水发生离心运动,被甩向叶轮外缘,经蜗形泵壳的流道流入水泵的压水管路。

主要工作原理:

（1）叶轮被泵轴带动旋转,对位于叶片间的流体做功,流体受离心作用,由叶轮中心被抛向外围。当流体到达叶轮外周时,流速非常高。

（2）泵壳汇集从各叶片间被抛出的液体,这些液体在壳内顺着蜗壳形通道逐渐扩大的方向流动,使流体的动能转化为静压能,减小能量损失。所以泵壳的作用不仅在于汇集液体,它更是一个能量转换装置。

（3）液体吸上原理:依靠叶轮高速旋转,迫使叶轮中心的液体以很高的速度被抛开,从而在叶轮中心形成低压,低位槽中的液体因此被源源不断地吸上。

（4）叶轮外周安装导轮,使泵内液体能量转换效率高。导轮是位于叶轮外周的固定的带叶片的环。这些叶片的弯曲方向与叶轮叶片的弯曲方向相反,其弯曲角度正好与液体从叶轮流出的方向相适应,引导液体在泵壳通道内平稳地改变方向,使能量损耗最小,动压能转换为静压能的效率高。

（5）后盖板上的平衡孔消除轴向推力。离开叶轮周边的液体压力已经较高，有一部分会渗到叶轮后盖板后侧，而叶轮前侧液体入口处为低压，因而产生了将叶轮推向泵入口一侧的轴向推力。这容易引起叶轮与泵壳接触处的磨损，严重时还会产生振动。平衡孔使一部分高压液体泄漏到低压区，减轻叶轮前后的压力差，但由此也会引起泵效率的降低。

（6）轴封装置保证离心泵正常、高效运转。离心泵工作是泵轴旋转而壳不动，其间的环隙如果不加以密封或密封不好，则外界的空气会渗入叶轮中心的低压区，使泵的流量、效率下降。严重时流量为零，产生气缚现象。通常，可以采用机械密封或填料密封来实现轴与壳之间的密封。

图 5-6　离心泵

6. 齿轮泵的工作原理和特点

齿轮泵是依靠泵缸与啮合齿轮间所形成的工作容积变化和移动来输送液体或使之增压的回转泵。由两个齿轮、泵体与前后盖组成两个封闭空间，当齿轮转动时，齿轮脱开侧空间的体积从小变大，形成真空，将液体吸入，齿轮啮合侧的空间的体积从大变小，从而将液体挤入管路中去。吸入腔与排出腔是靠两个齿轮的啮合线来隔开的。齿轮泵的排出口的压力完全取决于泵出口处阻力的大小。

优点：结构简单紧凑，体积小，质量轻，工艺性好，价格便宜，自吸力强，对油液污染不敏感，转速范围大，能耐冲击性负载，维护方便，工作可靠。

缺点：径向力不平衡，流动脉动大，噪声大，效率低，零件的互换性差，磨损后不易修复，不能作变量泵用。

（1）齿轮泵的困油现象

原因：液压油在渐开线齿轮泵运转过程中，因齿轮相交处的封闭体积随时间改变，常有一部分的液压油被密封在齿间，如图 5-7 所示，称为困油现象，因液压油不可压缩将使外接齿轮产生极大的振动和噪声，影响系统正常工作。

措施：在前后盖板或浮动轴套上开卸荷槽，开卸荷槽的原则：两槽间距为最小闭死容积，并且使闭死容积由大变小时与压油腔相通，使闭死容积由小变大时与吸油腔相通。

（2）齿轮泵的泄漏现象

齿轮泵的泄漏较大，外啮合齿轮运转时泄漏途径有以下三点：一为齿轮顶隙，二为侧隙，三

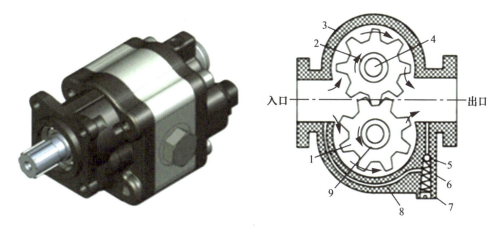

图 5-7　齿轮泵原理图

为啮合间隙。

其中端面侧隙泄漏较大,占总泄漏量的 $80\%\sim85\%$,当压力增加时,前者不会改变,但后者挠度增大,此为外啮合齿轮泵泄漏最主要的原因,容积效率较低,故不适合用作高压泵。

解决方法:端面间隙补偿采用静压平衡措施,在齿轮和盖板之间增加一个补偿零件,如浮动轴套、浮动侧板。

(3)齿轮泵的受力不均衡现象

右侧是压油腔,左侧是吸油腔,两腔的压力是不平衡的;另外压油腔因齿顶泄漏,其压力为递减。两不均衡压力作用于齿轮和轴—径向不平衡压力,油压越高,该力越大,加速轴承磨损,降低轴承寿命,使轴弯曲,加大齿顶与轴孔磨损。

防止措施:采用压力平衡槽或缩小压油腔。

7. 往复泵的工作原理和特点

往复泵包括活塞泵、柱塞泵和隔膜泵。

活塞泵主要用于给水,手动活塞泵是一种应用较广的家庭生活水泵。

柱塞泵用于提供高压液源,如水压机的高压水供给。柱塞泵和活塞泵都可作为石油矿场的钻井泥浆泵、抽油泵。

隔膜泵特别适合于输送有剧毒、放射性、腐蚀性的液体,贵重液体和含有磨粒性固体的液体。隔膜泵和柱塞泵还可当作计量泵使用。

往复泵是正位移泵的一种,应用比较广泛。

往复泵是通过活塞的往复运动直接以压力能形式向液体提供能量的输送机械。

按驱动方式,往复泵分为机动泵(电动机驱动)和直动泵(蒸汽、气体或液体驱动)两大类。

往复泵的主要特点是:

(1)效率高而且高效区宽。

(2)能达到很高的压力,压力变化几乎不影响流量,因而能提供恒定的流量。

(3)具有自吸能力,可输送液、气混合物,特殊设计的还能输送泥浆、混凝土等。

(4)流量和压力有较大的脉动,特别是单作用泵,由于活塞运动的加速度和液体排出的间

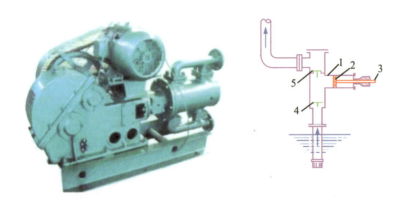

图 5-8 往复泵工作原理

1—泵缸；2—活塞；3—活塞杆；4—吸入阀；5—排出阀

断性，脉动更大。通常需要在排出管路上(有时还在吸入管路上)设置空气室使流量比较均匀。采用双作用泵和多缸泵还可显著地改善流量的不均匀性。

(5)速度低，尺寸大，结构较离心泵复杂，需要有专门的泵阀，制造成本和安装费用都较高。

8. 螺杆泵的工作原理和特点

螺杆泵是容积式转子泵，它是依靠由螺杆和衬套形成的密封腔的容积变化来吸入和排出液体的。

图 5-9 三螺杆泵结构示意图

螺杆泵的特点是流量平稳，压力脉动小，有自吸能力，噪声小，效率高，寿命长，工作可靠；而其突出的优点是输送介质时不形成涡流，对介质的黏性不敏感，可输送高黏度介质。

螺杆泵是依靠泵体与螺杆所形成的啮合空间容积变化和移动来输送液体或使之增压的回转泵。

螺杆泵按螺杆数目分为单螺杆泵、双螺杆泵和三螺杆泵等。当主动螺杆转动时，带动与其啮合的从动螺杆一起转动，吸入腔一端的螺杆啮合空间容积逐渐增大，压力降低。液体在压差作用下进入啮合空间容积。当容积增至最大而形成一个密封腔时,液体就在一个个密封腔内连续地沿轴向移动,直至排出腔一端。这时排出腔一端的螺杆啮合空间容积逐渐缩小,而将液体排出。螺杆泵的工作原理与齿轮泵相似,只是在结构上用螺杆取代了齿轮。

　　螺杆泵的流量和压力脉冲很小,噪声和振动小,有自吸能力,但螺杆加工较困难。泵有单吸式和双吸式两种结构,但单螺杆泵仅有单吸式。泵必须配有安全阀(单螺杆泵不必),以防止由于某种原因,如排出管堵塞使泵的出口压力超过容许值而损坏泵或原动机。

学习任务 一
分油机的操作与管理

 学习目标

1. 能起动分油机,并熟记起动注意事项;
2. 能管理运行中的分油机;
3. 能掌握分油机的维护保养要点。

 训练设备

船舶轮机综合实训室分油机系统。

图 5-10　分油机

课堂训练内容

训练内容 1：分油机的起动操作步骤及注意事项

（1）检查制动器和止动器是否退出；

（2）检查齿轮箱中的油量是否足够；

（3）当被分离的燃油和润滑油需要预热时，应检查分离油的温度是否适宜；

（4）打开集油器，用手转动分离筒检查有无卡阻现象；

（5）起动分油机，待达额定转速时，检查有无异常声响或振动；

（6）若是按分水法工作，在分油机达额定转速时，应缓慢打开进水阀加水直到出水口有水排出为止，以造成水封。若按分杂法工作，则不允许加水；

（7）逐渐打开进油口、注意进油量不能过大，以免冲破水封，如水封有损伤应重新进行水封，否则会造成大量跑油；

（8）注意从观察镜中检视液流情况，并注意最佳分离量的选择。

图 5-11　分油机

训练内容 2：提高分油机分离效果的措施

（1）选择合适内径的比重调节环；

（2）提高油的分离温度；

（3）适当关小进油阀；

(4)经常清洗分离筒。

训练内容3：分油机的维护保养要点

(1)保持齿轮箱的油位在一定高度上；

(2)定时拆卸清洗分离筒；

(3)定期检查齿轮、轴承、减振器等的技术状况,发现过度磨损与损坏等,应及时予以换新；

(4)不宜长时间空载运转,否则会造成油泵齿轮因干摩擦而加剧磨损和发热损坏；

(5)分油机起动前出口截止阀应开启,否则会造成安全阀打开泄压和齿轮泵排压增高,电机过载,轴承、传动齿轮磨损加剧等事故。

训练步骤

(1)指导教师介绍分油机系统的结构。
(2)指定学员检查分油机油箱的油位。
(3)指定学员检查电气控制箱。
(4)指导学员起动分油机。
(5)指定学员检查舵分油运行中是否有振动。
(6)指导学员检查分油量。

课堂组织

1.事先对学员按5人为1组进行分组。
2.各小组派代表进行课堂发言、示范与交流。
3.按分组情况派代表叙述学习成果,说明本次任务完成情况,并对本小组进行分析总结。
4.指导教师对各组操作进行现场点评。

练习与思考

1.简述分油机的结构与组成。
2.简述分油机的起动与检查。

学习任务 二
船舶辅锅炉的操作与管理

 学习目标

1. 能熟记船舶辅锅炉主要附件并理解其作用；
2. 能掌握燃油辅锅炉的电气维护管理工作要点。

 训练设备

船舶轮机综合实训室锅炉设备。

图 5-12　船用火管锅炉

工作情景描述

锅炉是用于将水(或油)加热,使之产生蒸汽(或提高热量)的装置。在内燃机动力装置船舶中,锅炉燃用燃料产生的饱和蒸汽仅用于加热燃油、滑油,满足日常生活需要,或驱动辅机等,这种锅炉称为辅助锅炉。在内燃机动力装置的船舶上,一般装设一台压力为 0.8 MPa 左右、蒸发量为 1~2 t/h 的辅助锅炉;在大型客货船和油船上,因需要蒸汽量较大,一般会装设一台蒸发量较大的辅助锅炉。

课堂训练内容及步骤

1. 指导教师介绍锅炉本体。

2. 指导教师介绍锅炉附件及其作用。

锅炉是一种高温高压容器。为保证燃油辅助锅炉和废气锅炉正常安全运行,在锅炉本体上装设了必不可少的附属装置。附件的任何失灵或损坏都是不允许的,操作中应特别注意。锅炉附件包括:

(1)水位表。用来显示锅炉内水位高低的重要仪表。

(2)安全阀。用来控制锅炉在安全压力下工作,以确保锅炉安全运行的阀件。

(3)压力表。用来正确显示锅炉内蒸气压力高低的仪表。

(4)空气旋塞。用来放出或注入炉内空气的旋塞。

(5)排污阀。每台锅炉上均有上、下排污阀各一个,分别安装在锅炉容水空间的最高和最低位置。开启下排污阀可以排除炉水中的沉淀泥渣;开启上排污阀可以排除炉水中的悬浮物。

(6)其他附件。在锅炉上还分别安装有主停气阀、给水阀和高低水位试水旋塞等附件。

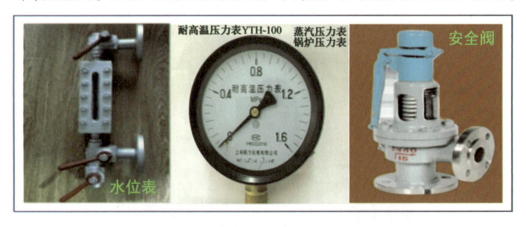

图 5-13　水位表、耐高温压力表 YTH-100 及安全阀

3. 指导教师介绍燃油锅炉的各种自动控制的控制对象及作用。

(1)压力自动控制:锅炉工作中,使锅炉的工作气压稳定在规定的上下范围内。当压力达到规定的上限值时,能使锅炉自动熄火,停止燃烧;当气压降到规定的下限值时,能使锅炉自动重新点燃。

（2）水位自动控制：锅炉工作中，水位正处于炉水的蒸发和补充的动态平衡状态。当炉水水位到最低水位时，能使给水泵自动起动补水；当炉水达到最高水位时，能使给水泵停止补水。

（3）点火程序自动控制：锅炉点火起动时，能使风机、油泵、点火变压器按规定的程序自动进行，在点火失败或正常燃烧中发生故障性熄火时，能自动停止风机、油泵工作。

4. 学习燃油锅炉的电气维护管理工作要点：

（1）保持点火变压器绝缘良好，点火迅速，熄火及时；

（2）保持多回路电动式时间继电器的程序电动机的清洁，动作次序正确，接触良好和转动平稳；

（3）定期检查点火棒和清洗喷油嘴；

（4）注意光敏电阻的使用期限，及时换新；

（5）水位调节器、压力继电器、中间继电器、接触器等应保证结构完好，接触良好，动作准确；

（6）保证电磁清洁，动作灵敏，开闭及时；

（7）保持保护及信号装置的动作正确可靠；

（8）定期检查电动机，检绝缘及时添加轴承油脂。

5. 指导教师介绍燃油辅锅炉的电气系统。

6. 指定学员检查燃油辅锅炉的电气控制箱。

图 5-14　锅炉结构示意图及控制箱

课堂组织

1. 事先对学员按 5 人为 1 组进行分组。

2. 各小组派代表进行课堂发言、示范与交流。

3. 按分组情况派代表叙述学习成果，说明本次任务完成情况，并对本小组进行分析总结。

4. 指导教师对各组操作进行现场点评。

练习与思考

　　1.简述锅炉各附件的作用。

　　2.简述自动控制的原理。

　　3.简述燃油锅炉的电气维护管理工作要点。

学习任务 三

活塞式空气压缩机的操作与管理

 学习目标

1. 能起动活塞式空气压缩机;
2. 能管理运行中的空压机;
3. 能掌握空压机的停车管理要点。

 训练设备

船舶轮机综合实训室 0.34/30B 型空压机。

 工作情景描述

空气压缩机是重要的船舶辅助机械。一般柴油机船都设有 2~3 台空压机,以供柴油机起动、换向等使用,此外还用于需要低压空气的控制系统。船上普遍使用活塞往复式空气压缩机。

 课堂训练内容及步骤

训练内容 1:空压机起动前的准备工作

(1)用手转动曲轴 2~3 转,检查运动部件是否灵活,有无卡阻现象等。

(2)检查曲轴箱内油位是否在油标尺的高低刻度线之间。

(3)检查冷却系统,开启冷却水进出口阀,检查冷却水量。

(4)检查排气截止阀是否处于全开状态。

(5)设有手动起动卸载装置的空压机,应手动起动卸载装置和油水分离器上的泄放阀,以减轻起动载荷。

(6)起动空压机,注意转向是否正确,待达额定转速后关闭手动释载阀或油水分离器上的泄放阀。

(7)检查各级排出压力是否正常,倾听空压机有无异响,采用强制润滑的是否达到正常油压。

训练内容2:空压机起动操作

(1)接通电源,起动空压机。

(2)对于采用压力润滑的空压机,应注意观察压力表油压是否达到规定范围。

(3)设有自动卸载装置的空压机,待机器达到额定转速后,关闭手动卸载阀或中间冷却器和液气分离器的泄放阀。

(4)观察压力表有无读数,以判断气路是否畅通,压力表有无损坏。

(5)仔细倾听空压机有无不正常响声。

内容1、2训练步骤:

(1)指导教师介绍空压机的结构;

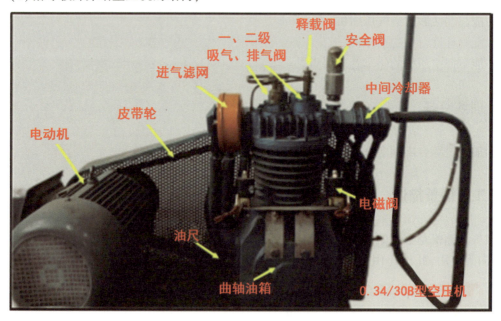

图5-15　0.34/30B型空压机

(2)指定学员检查空压机的润滑油油位;

(3)指定学员检查空压机的皮带;

(4)指定学员检查空压机系统的阀件;

(5)指导学员进行盘车;

(6)指导学员起动空压机。

训练内容3:空压机运行中的管理要点

(1)注意检查曲轴箱内滑油的油位和油质,油位应保持在规定范围内。检查中若发现油位增高和油质乳化,应停车检查水的来源。

(2)注意查看滑油的压力和温度。当吸气温度不超过45 ℃时:用水冷却的空压机滑油温度应不超过 70 ℃;用风冷却的应不超过 80 ℃。采用压力润滑的系统,滑油压力一般应不低于0.1 MPa。

(3)注意观察各级气缸的排气温度,一般风冷式空压机的排气温度应不超过 160 ℃,水冷式空压机的排气温度应不超过 200 ℃。

(4)采用水冷却的空压机应注意检查冷却水进、出口温度,一般冷却水进、出口温差不要超过 13 ℃。万一发现压缩机在工作中已经断水,必须立即停车,让其自然冷却。切忌在气缸很热时通入冷却水,以免"炸缸"。风冷却空压机要防止风扇装反。

(5)注意检查高、低压级排出压力表上的读数是否正常。工作中各级排气压力是随排出容器中的压力升高而逐渐升高的。注意各级压力比分配是否均匀,工作压力有无超过规定值。

(6)定期开启冷却器和液气分离器下部的泄放阀,排除残油和水,以免其进入空气瓶。泄放出来的水液应是水面上虽能看到油渍,但沾在手上捻起来又无油腻感。否则将认为有过量的润滑油进入气缸。

(7)注意经常检查空压机与电动机的连接情况,查看地脚螺栓是否松动,以及压缩空气管路中的接头的紧密性。注意,严禁在受压管路上或在空压机运转中紧固管系接头。

(8)空压机在运转中,遇有下列情况之一时应立即停车:

①空压机运转中出现不正常的冲击声和敲撞声;

②采用压力润滑的空压机油压低于允许值或油压表失灵;

③某一级的压力已显著超过规定的数值,并正在继续增高;

④某一级安全阀跳动或某一级的压力表失灵;

⑤冷却水供给中断或冷却水温差高于允许值;

⑥压缩空气管路中出现大量压缩空气泄漏;

⑦冷却器安全膜片破裂;

⑧有的部件过热或压缩空气温度高于允许值;

⑨能引起空压机事故的零件或部件损坏。

训练步骤:

(1)指导教师介绍空压机的结构;

(2)指导学员起动空压机;

(3)指定学员检查空压机运行中各处温度;

(4)指导学员进行排放油和水。

训练内容 4:空压机的停车管理要点

(1)停车前应先开启卸载阀和液气分离器的泄放阀以减少空压机的振动和冲击并排污;

(2)切断电源,停止空压机的运转;

(3)关闭冷却水截止阀和滴油杯的油量控制阀。

训练步骤:

(1)指导教师介绍空压机的停车管理要点;

(2)指导学员开启卸载阀和液气分离器的泄放阀;

(3)指定学员关闭冷却水截止阀和滴油杯的油量控制阀。

课堂组织

1. 事先对学员按 5 人为 1 组进行分组。
2. 各小组派代表进行课堂发言、示范与交流。
3. 按分组情况派代表叙述学习成果,说明本次任务完成情况,并对本小组进行分析总结。
4. 指导教师对各组操作进行现场点评。

练习与思考

1. 简述 0.34/30B 型空压机的结构特点及各设备的功用。
2. 简述活塞式空气压缩机的起动操作步骤。
3. 简述活塞式空压机运行中的管理要点。
4. 简述空压机的停车管理要点。

学习任务 四
船舶锚缆机电气的日常管理

 学习目标

1. 能对锚缆机的电气进行维护管理；
2. 能掌握《钢质内河船舶建造规范》对锚缆机械的技术要求。

 训练设备

船舶轮机综合实训室泵系统。

 工作情景描述

《钢质内河船舶建造规范》对锚缆机械的技术要求。

锚机在工作时，负荷变化很大，起锚时的最大拉力通常发生在拔锚破土时，为适应其负荷变化大的特点，电动锚机一般采用三速交流异步电动机驱动。液压锚机常采用有级变量液压马达来限制功率，也可采用恒功率液压泵或液压马达。中国船级社《钢质内河船舶建造规范》(2016)对起锚机的基本技术要求如下：

1. 起锚机一般应由独立的原动机或电动机驱动。对于液压起锚机，若其液压管路与其他甲板机械液压管路相连接，则应保证起锚机的正常工作不受影响。

2. 起锚机的平均速度应不小于 9 m/min，对 C 级航区船舶以及所有非自航船舶，其起锚速度可适当降低；对急流航段船舶，起锚速度应不小于 12 m/min。

3. 起锚机应能在过载负载下连续工作至少 2 min，此时不规定速度。其过载负载应不小于1.5 倍的工作负载。

4. 液压起锚机的液压装置应设置安全阀，锚机装置应装有有效的制链器。

5. 起锚机的链轮与驱动轴之间应设置离合器。动力操作的离合器应能手动脱开，且应有可靠的锁紧装置。

6. 起锚机的链轮或卷筒应装有可靠的制动装置。当锚链轮脱开，制动装置制动时，不应有打滑现象，取锚链破断负载的 20%。

课堂训练内容

1. 指导老师讲解锚缆机的组成及各部分的作用。

液压锚机也叫电动液压锚机,它是以电动机带动油泵,用高压油驱马达,再经减速器(也可不设减速器)带动传动齿轮,使锚机运转。液压锚机结构较为紧凑,体积较小。现在已出现了自动液压锚机,它设有锚链长度传感器,在抛锚时当所需抛出的锚链全部抛出后,锚机便会自动停止;在起锚当锚将接近锚链筒时,能自动减速;锚干进入锚链筒收妥时会自动停车。

图 5-16　液压锚机外形图

液压锚机组成:

液压锚机主要由基座、支架、锚链轮、刹车、链轮、变速箱、电控系统、液压泵站等组成。

主要组成部件:

(1)液压泵:液压泵 P 为双作用叶片式液压泵,由电动机带动恒速回转,最大使用压力为6.86 MPa。为防止压力过高,液压泵上还设有安全阀。

(2)液压马达:液压马达 M 采用双作用叶片式液压马达,结构与双作用叶片泵类似,由定子、转子和叶片等组成。在转子上均匀分布着 8 个叶片槽,并在槽中设置有叶片,为使叶片能紧贴在定子的内表面上,在转子端面的弧形凹槽中,每两个叶片之间设有矩形截面的弧形推杆。工作时,叶片在压力油的作用下,带动转子在定子中转动。由于转子是用键与轴相连,所以,当转子转动时,即可直接带动锚链轮回转,从而完成起锚或抛锚任务。

(3)控制阀:控制阀具有两个油腔:一个是换向阀腔,内装换向阀和单向阀,用以控制液压马达的正转、反转或停转;同时,它又是一个开式过渡滑阀,可通过并联节流,对液压马达进行无级调速。另一个是换挡阀腔,内装换挡阀,控制液压马达的低速或高速工况。

(4)重力油箱:重力油箱中的液压油靠重力产生的静压保持液压泵的吸入压力,并对系统进行补油。

(5)磁性滤油器:叶片式液压马达的叶片与定子内表面比压较大,会产生一定的磨损,另外,其他摩擦副在运行中也会产生磨屑,而叶片与叶片槽是选配偶件,对磨屑很敏感,因此必须配置磁性滤油器。

2.指导老师讲解液压锚机的工作原理(图 5-17)。

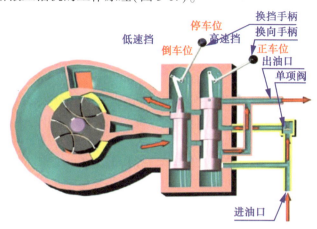

图 5-17　锚机液压系统原理图

3.指导教师讲解锚缆机的电气系统。

(1)电路结构

三速锚机电动机电路控制原理图如图 5-18 所示,它主要分为两大部分,即主电路及控制电路。控制电路中部分元器件的作用如下:

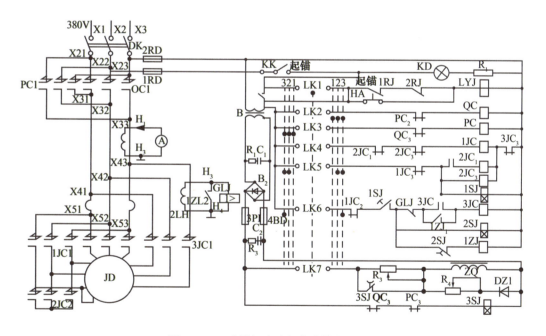

图 5-18　三速锚机电动机电路控制原理图

(1)过流继电器 GLJ 是作为高速运转的过载保护元件,在高速运转时一旦过载 GLJ 断开其常闭触点,使接触器 3JC 断开,接触器 2JC1、2JC2 将因 3JC 的常闭触点 3JC3 的重新闭合而动作,使电动机自动地从高速运行转换到中速运行,从而得到了保护。

(2)热继电器 1RJ、2RJ 是电动机在低速和中速长期工作中起过载保护作用。当热继电器动作后，须停 2 min 才能复位。如果在应急情况下，可按下应急按钮 HA，使电动机在低、中速挡运行，因为此时热继电器的触点尚未闭合，虽然 LK1 闭合，而失压继电器 LYJ 仍断电，控制电路不起作用，当按下 HA 时可使 LYJ 工作，控制电路再控制电动机运转。但因过载不一定消除，因而可在低、中速挡运行。

（3）R1C1、R2C2 为硅整流器 BZ 的输入、输出端的过压保护，硅二极管 DZ1 和放电电阻 R4 的串联是防止当电磁控制器的线圈 ZQ 通电时，电阻 R4 也通电，以减小电路损耗。

（4）失压继电器 LYJ 当电源电压过低或停电时，使自身的常开触点断开，从而切断电源，使电机停电，起到了失压保护的作用。

（5）时间继电器 SJ 是保证在运行起锚或抛锚时，必须先从低速开始，只有经过一段时间后，才有可能进入高速，这样可以避免起动电流过大而损坏电动机或影响其他电气设备。

（2）控制原理

"三速"就是电动机起动后的运行速度由低速到中速再过渡到额定的高速，实行"三速"的目的是避免电动机起动电流过大而损坏电动机、锚机，从而达到保护其他电气设备的目的。

①起锚或抛锚准备。当起锚或抛锚时，先必须闭合电源总开关 DK 及控制电路电源开关 KK，起初由于主令控制器手柄停在"零"位，其触头 LK 闭合，所以，失压继电器 LYJ 有电，则常开触头闭合，接通了控制电路的电源及整流器电源，使时间继电器 3SJ 动作，瞬间闭合其触点，短接了电阻 R_3，为直流电磁制动器 ZQ 开始就能得到全电压工作做好准备。

②当主控制器的手柄扳到起锚第一挡时，触头 LK_2、LK_4、LK_7 闭合，LK_2 的闭合接通了起锚接触器 QC，此时主触头 QC 闭合，为起锚电动机的工作做好了准备，而辅助触头 QC_2 断开，目的是防止抛锚接触器 PC 误动作（这种方法一般称电气联锁），LK_7 闭合，电磁制动器线圈 ZQ 通电，电磁制动器因得到全电压便立即释放电动机轴，同时，由于接触器 QC 的触头 QC_3 断开，使 3SJ 立即失电，其触头 3SJ 延时断开，使经济电阻 R_3 串联于电磁制动器线圈 ZQ 的电路中，LK_4 闭合，接触器 1JC 接通电源，使主触头 $1JC_1$ 闭合，电机处于低速运转。1JC 动作后，打开其常闭触头 $1JC_2$ 及 $1JC_3$，防止接触器 $2JC_1$、$2JC_2$ 及 3JC 误动作。

③当主控制器的手柄扳到起锚第二挡时，LK_4 断开，LK_5 闭合。结果使 1JC 的主触头 $1JC_1$ 断开，辅助触头 $1JC_2$ 及 $1JC_3$ 闭合。这样，接触器 $2JC_1$、$2JC_2$ 因触头 $1JC_2$ 的闭合相继接通（接触器 $2JC_2$ 的常开辅助触头闭合后，接触器 $2JC_1$ 才能通电动作），使它们的主触头闭合，电动机处于中速运行。常闭辅助触头 $2JC_1$、$2JC_2$ 的断开目的是避免 1JC 误动作，从而造成短路事故。同时，时间继电器 1SJ 也被接通，使其常开触头 1SJ 延时闭合，为进入高速起锚做好准备。1SJ 的延时，整定在电动机额定负载情况下，由中速到高速的时间一般为 2 s。如果延时还不到 2 s，就将主令控制器手柄从第二挡推到第三挡，由于触头 1SJ 还没有闭合，接触器 3JC 不起作用，电动机仍运行在中速挡，直到延时 2 s 后，方自动转入高速挡。

④当主控制器手柄扳到第三挡时，LK6 闭合，中间继电器 1ZJ 接通电源，常开头 $1JZ_2$ 闭合，使过流继电器 GLJ 短路（因此时正处于起动，若不短接，起动电流将引起过流继电器动作）常开触点 $1ZJ_1$ 闭合，使接触器 3JC 接通电源，结果使它所属的触头动作，断开其辅助触点 $3JC_3$，使接触器 1JC、$2JC_1$、$2JC_2$ 断电，防止其误动作，闭合主触头 $3JC_1$，使电动机处于高速运行状态，3JC 的辅助触头 $3JC_2$ 闭合，形成自锁。时间继电器 2SJ 触点延时打开，使 1ZJ 断电，它所属的触点也恢复原状态，但并不影响电动机的正常工作。这样，电动机起动过程完毕。抛锚的工作原理与起锚相同，只要把主令控制器的手柄反方向扳动，接通抛锚接触器 PC 电路即可。

根据实际使用的经验,当电动锚机工作在任一挡位上时,若要停车时,可将主令控制器的手柄扳到零位即可。

4.锚缆机的电气维护管理工作要点:

(1)保证各部分绝缘正常,电机、电器的绝缘不得低于 1 MΩ,否则必须进行烘潮或检查排除其他绝缘故障。

(2)保证电动机、控制电器的线圈、触头清洁与接触良好。

(3)调整好电磁刹车间隙,圆盘式刹车的摩擦片间隙要均匀。抱式刹车在开启状态时,其间隙要保证电动机的自由转动。

(4)检查各时间继电器、热继电器、过流继电器等动作。整定值是否有变动,如有变动应调整到规定值。

(5)定期紧固各接线螺丝。

(6)定期对控制箱的电机,制动器运转情况做检查。

训练步骤

1.指导教师讲解锚缆机的电气系统。

2.对每个重要的组件进行详细的讲解。

3.每个学员进行操作。

4.观察运行状况,并做出详细的记录。

课堂组织

1.事先对学员按 5 人为 1 组进行分组。

2.各小组派代表进行课堂发言、示范与交流。

3.按分组情况派代表叙述学习成果,说明本次任务完成情况,并对本小组进和分析总结。

4.指导教师对各组操作进行现场点评。

练习与思考

1.简述锚缆机的电气系统与其他辅机的电气系统的区别及共同点。

2.简述时间继电器、热继电器、过流继电器的动作原理。

学习任务 五

离心泵的操作与管理

 学习目标

1. 能掌握离心泵的起动操作步骤、运转中的管理工作要点；
2. 能完成消防水系统的效能试验。

 训练设备

船舶轮机综合实训室舵机系统。

 课堂训练内容

训练内容1：离心泵的起动操作步骤（检修后）

（1）清除泵周围杂物，检查泵底座及连接部分的紧固情况，检查并加足润滑油（脂）。

（2）用手动泵轴，检查泵转动是否灵活，有无卡阻和轴线失中情况。

（3）检查轴封压盖的松紧情况（先松套，起动后再调整）。

（4）引水驱气。

（5）开足吸入，关闭排出阀，以便封闭起动。

（6）起动原动机，细心观察原动机的负荷情况，转数和吸、排压力表读数，注意运转声响，若有异常，应立即停泵检查处理。

（7）当泵运转正常后，打开排出供水。

训练内容2：离心泵运转中的管路工作要点

（1）防止干转。离心泵的空泵干转，将会造成轴封干摩擦，泵轴磨损，甚至抱轴的事故。

（2）监视仪表。发现压力表、真空表读数异常时应即时查明原因妥善处理，特别是发现真空度过高时，要注意检查，防止产生气蚀。

（3）听有无不正常的异响和振动。

（4）检查电动机的温升情况，检查泵管路连接部位有无泄漏情况，检查密封填料的工作情

140

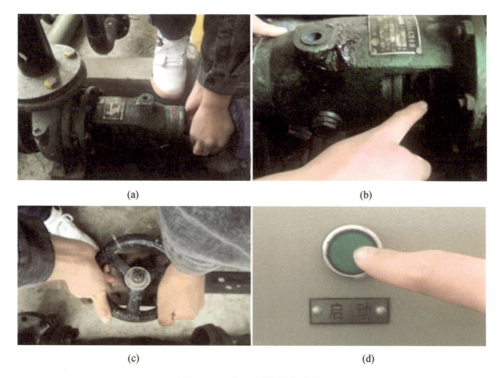

(a)　　　　　　　　　　　　(b)

(c)　　　　　　　　　　　　(d)

图 5-19　离心泵的操作步骤

况是否正常。

训练内容 3：消火水系统的效能试验

对设在最高处的消火栓，船长大于 30 m 的船舶要求同时射出两股水流，船长小于 30 m 的船舶要求同时射出一股水流，其射程均不得小于 12 m，应急消防泵及兼作消防泵的泵均须做效用试验，其射程不小于 12 m，消防水管系做畅通性试验，检查消防水由阀箱通往各部位阀的指示标牌是否准确，各消火栓是否畅通。消防水管系外观检视，当水流通过时不应有泄漏现象。

训练步骤

1. 指导教师介绍离心泵的结构。
2. 指定学员检查泵部的润滑。
3. 指定学员检查电气控制箱。
4. 指导学员进行盘车。
5. 指定学员起动泵。
6. 指导学员检查泵的运行温度。
7. 指导学员检查泵的泄漏量。
8. 指定学员阐述消防水系统的效能试验的数据标准。

课堂组织

1. 事先对学员按 5 人为 1 组进行分组。
2. 各小组派代表进行课堂发言、示范与交流。
3. 按分组情况派代表叙述学习成果,说明本次任务完成情况,并对本小组进行分析总结。
4. 指导教师对各组操作进行现场点评。

练习与思考

1. 掌握离心泵的起动操作步骤。
2. 简述运转中的管理工作要点。
3. 简述消防水系统的效能试验。

学习任务 六
齿轮泵的操作与管理

学习目标

1. 能熟记齿轮泵的管理工作要点；
2. 能对齿轮泵进行起动操作。

训练设备

船舶轮机综合实训室泵系统。

工作情景描述

齿轮泵的种类和形式很多：齿轮泵按齿形可分为正齿泵、斜齿泵和人字形齿轮泵；按啮合方式可分为外齿轮泵和内齿轮泵；按转动方向可分为可逆转齿轮泵和不可逆转齿轮泵。

课堂训练内容及步骤

训练内容 1：齿轮泵起动前的准备工作

（1）起动前检查联轴器、柔性连接胶圈磨损情况，必要时更换。
（2）盘动泵的转子 1~2 转，检查转子是否有摩擦或卡住现象。
（3）在联轴器附近或皮带防护装置等处，是否有妨碍转动的杂物。
（4）检查泵、电动机的基座地脚螺栓是否松动。
（5）检查控制箱电源有无缺相现象。
（6）打开进出管路阀门，不允许关闭进出阀起动。
（7）齿轮泵在起动以前，泵壳必须先充满油，防止干摩擦。

训练内容 2：齿轮泵起动操作

（1）打开进出管路阀门，不允许关闭进出阀起动。

（2）将泵壳必须先充满油,防止干摩擦。

（3）打开电源开关,起动泵运转,检查泵及电机运行情况,检查泵的转向是否正确,避免泵反转而不能输送油液。

（4）起动后立即观察各仪表读数是否符合要求,并关注温升情况。

训练内容3:齿轮泵的管理工作要点

（1）注意泵的转向,普通齿轮泵不可逆转,否则会冲破轴封,故要防止电动机接线错误。

（2）起动前泵内必须有油,防止干转而引起严重磨损。

（3）监视仪表,观察压力,不允许在超压情况下工作,以免影响泵的寿命。

（4）吸入压力不能过低,经常清洗滤器,全开吸入阀,保持合适的油温,以免泵的排量降低,以及发生汽蚀现象。

（5）防止油温过高或过低。

（6）防止空气进入,保持管路密封性。

（7）注意观察运行中有无不正常的异响和振动。

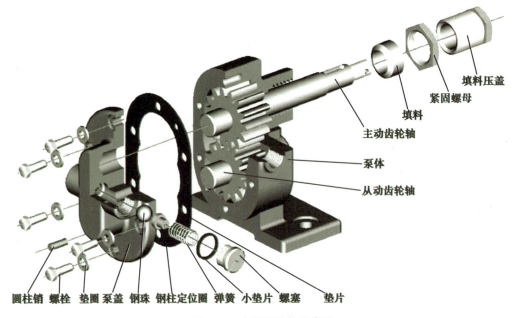

图5-20　齿轮泵结构示意图

训练步骤

（1）指导教师介绍齿轮泵的结构。

（2）指定学员检查泵部的润滑。

（3）指定学员检查电气控制箱。

（4）指导学员进行盘车并检查其灵活性。

（5）指导学员检查阀件开关情况。

图 5-21　KCB 齿轮泵结构图

（6）指导学员检查转向。

（7）指定学员起动泵。

（8）指导学员检查泵的运行温度。

（9）指导学员检查泵的泄漏量。

图 5-22　3LP60 往复泵外形图

课堂组织

1. 事先对学员按 5 人为 1 组进行分组。

2. 各小组派代表进行课堂发言、示范与交流。

3. 按分组情况派代表叙述学习成果，说明本次任务完成情况，并对本小组进行分析总结。

4. 指导教师对各组操作进行现场点评。

练习与思考

1. 简述齿轮泵的结构。
2. 简述齿轮泵的起动主要注意事项。

学习任务 七
电动往复泵的操作与管理

 学习目标

1. 能起动电动往复泵并对运转中的电动往复泵检查；
2. 能掌握往复泵的特点。

 训练设备

船舶轮机综合实训室泵系统。

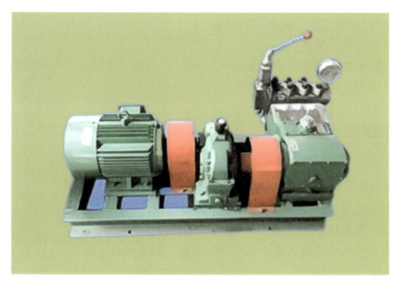

图 5-21　往复泵

⊞ 工作情景描述

往复泵的主要特点：

(1)效率高而且高效区宽。

(2)能达到很高压力,压力变化几乎不影响流量,因而能提供恒定的流量。

(3)具有自吸能力,可输送液、气混合物,特殊设计的还能输送泥浆、混凝土等。

(4)流量和压力有较大的脉动,特别是单作用泵,由于活塞运动的加速度和液体排出的间断性,脉动更大。通常需要在排出管路上(有时还在吸入管路上)设置空气室使流量比较均匀。采用双作用泵和多缸泵还可显著地改善流量的不均匀性。

(5)速度低,尺寸大,结构较离心泵复杂,需要有专门的泵阀,制造成本和安装费用都较高。活塞泵主要用于给水,手动活塞泵是一种应用较广的家庭生活水泵。柱塞泵用于提供高压液源,如水压机的高压水供给,它和活塞泵都可作为石油矿场的钻井泥浆泵、抽油泵。隔膜泵特别适合于输送有剧毒性、放射性、腐蚀性的液体、贵重液体和含有磨粒性固体的液体。隔膜泵和柱塞泵还可当作计量泵使用。

主要应用场所：

(1)企业单位废水排放；

(2)城市污水处理厂排放系统；

(3)地铁、地下室、排污泵系统；

(4)医院、宾馆、高层建筑污水排放；

(5)住宅区的污水排水站；

(6)市政工程、建筑工地中稀泥浆的排放；

(7)自来水厂的给水装置；

(8)养殖场污水排放及农村农田灌溉；

(9)勘探矿山及水处理设备配套。

⊞ 课堂训练内容及步骤

训练内容：电动往复泵在起动和运转中的检查和操作步骤

(1)刚检修过的泵,应先用手试转 1~2 个往复行程,以检查运动部件有无卡阻。

(2)检查油箱滑油量是否充足,人工加油部位添加适量滑油。

(3)全开吸入管路上的吸入截止阀与排出管路上的排出截止阀。

(4)接通电源,起动往复泵。

(5)检查吸排压力表上的读数是否正常,当排出压力超过规定值时,应立即停车查明原因,以免损坏电机或泵。

(6)检查滑油压力、油位、油温是否正常,若油压建立不起来应立即停车检查,排除故障后再起动。

(7)用手触摸检查各轴承、减速齿轮箱及填料箱等部位有无发热现象,一般不应超过

70 ℃。

（8）仔细倾听水泵各运动部件有无异常声响,若缸内有严重敲击声应立即停车检查。

（9）检查填料箱是否滴液成串,泄漏严重时可适当上紧压盖,若效果不佳,则应更换填料。

 训练步骤

（1）指导教师讲解电动往复泵的结构。

（2）指定学员检查泵部的润滑。

（3）指定学员检查电气控制箱。

（4）指导学员进行盘车。

（5）指定学员起动泵。

（6）指导学员检查泵的运行温度。

（7）指导学员检查泵的泄漏量。

图 5-22　3LP60 往复泵外形图

课堂组织

1.事先对学员按 5 人为 1 组进行分组。

2.各小组派代表进行课堂发言、示范与交流。

3.按分组情况派代表叙述学习成果,说明本次任务完成情况,并对本小组进行分析总结。

4.指导教师对各组操作进行现场点评。

 练习与思考

1.往复泵的主要特点有哪些?

2.往复泵在船舶上主要用于什么场所?

3.简述电动往复泵在起动和运转中的检查和操作要点。

学习任务 八
螺杆泵的操作与管理

 学习目标

1. 能熟练操作螺杆泵;
2. 能熟练掌握螺杆泵的优缺点。

 训练设备

船舶轮机综合实训室泵辅系统。

工作情景描述

螺杆泵优点:
(1)压力和流量范围宽。压力约在 0.34~34 MPa,流量在 0.6~600 m³/h。
(2)运送液体的种类和黏度范围宽。
(3)因为泵内的回转部件惯性力较低,故可使用很高的转速。
(4)吸入性能好,具有自吸能力。
(5)流量均匀连续,振动小,噪声低。
(6)与其他回转泵相比,对进入的气体和污物不太敏感。
(7)结构坚实,安装保养容易。
螺杆泵缺点:
螺杆的加工和装配要求较高;泵的性能对液体的黏度变化比较敏感。

课堂训练内容及步骤

训练内容

螺杆泵的使用操作要点:

（1）起动前应向泵内灌注工作液体以防止摩擦,并打开排出管路上的放气旋塞以驱尽吸入管路和泵壳内的空气。

（2）泵应在吸、排阀全开的状态下起动,以防电机过载或吸空。

（3）运转中应注意检查工作压力、温度、声响及轴封的工作情况。

（4）运转中要严防吸入空气,以免引起泵的损坏和产生过大的振动和噪声。

（5）停泵时,应在断电后先关闭排出阀,待泵完全停转后再关闭吸入,以保证泵完全停转以前泵内始终有油,停转后泵内存有油液。

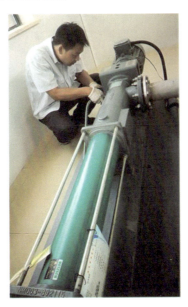

图 5-23　螺杆泵的维护

图 5-24　关注压力

图 5-25　螺杆泵结构示意图

 训练步骤

（1）指导教师讲解螺杆泵的结构。
（2）指定学员检查泵部的润滑。
（3）指定学员检查电气控制箱。
（4）指导学员进行盘车。
（5）指定学员起动泵。
（6）指导学员检查泵的运行温度。
（7）指导学员检查泵的泄漏量。

 课堂组织

1.事先对学员按 5 人为 1 组进行分组。
2.各小组派代表进行课堂发言、示范与交流。
3.按分组情况派代表叙述学习成果，说明本次任务完成情况，并对本小组进行分析总结。
4.指导教师对各组操作进行现场点评。

 练习与思考

1.螺杆泵的主要特点有哪些？
2.螺杆泵在船舶上主要用于什么场所？
3.简述螺杆泵在起动和运转中的检查和操作要点。

工作总结与评价

学习目标

1. 能结合自身任务完成情况,正确规范撰写工作总结;

2. 能按分组情况,分别派代表叙述工作成果,说明本次任务完成情况,并对本小组进行分析总结;

3. 能就本次任务出现问题,提出整改措施;

4. 能对本次工作进行反思,并能与他人交流,总结工作经验。

学习过程

1. 个人自我评价

2. 小组评价

3. 教师评价

(1) 教师对各组完成优点进行评价:

(2) 找出各组完成的缺点,提出改进方案:

(3) 对整个任务完成的亮点和缺点进行点评:

4.评价与分析表

班级:			组别:			姓名:		
小组成员:								
项目	自我评价(10%)			小组评价(20%)			教师评价(70%)		
	8~10	6~8	1~5	8~10	6~8	1~5	8~10	6~8	1~5
学习任务( )									
学习任务( )									
学习任务( )									
学习任务( )									
学习任务( )									
安全文明									
规范操作									
协作精神									
纪律观念									
工作态度									
学习主动性									
工作完成质量									
小 计									
总 评									

项目六

防污染设备的操作与管理

 学习目标

1. 能操作并管理油水分离器；
2. 能熟记船用生活污水系统的操作管理要点。

 建议学时

6 学时。

 工作情景描述

内河船舶防污染设备主要是油水分离器和生活污水处理装置。

油水分离器处理的是舱底污水，按法规要求，排放入海的污水其含油量不能超过 15 ppm，且要在距离海岸 12 n mile 以外的海域排放，同时要记录在油类记录簿上，表明时间、船位及排放量。

生活污水处理装置主要是处理马桶的污水，船舶上的设备采用的是生物化学的方法处理，就是利用微生物来消化分解污水中的有机物，以此来达到净化污水的目的。采用最多的方式是活性污泥法，就是利用好氧微生物来吸收污水中的有机物质，通过其自身的消化分解作用，将有机物转化成无机物。在经过沉淀阶段后较干净的生活污水进入灭菌室之后经过泵排出。为了获得良好的灭菌效果，要定期往生活污水处理装置中的氯化器里投放药丸。

学习导入与热身

1. 油水分离器

油水分离器是一种装置,分为餐饮油水分离器和工业油水分离器两种。餐饮油水分离器是餐饮行业用来处理污水用的;因为环保的要求,排到江河湖海里船舶机器处所所产生的污水是必须经过处理的,需要使用工业油水分离器。

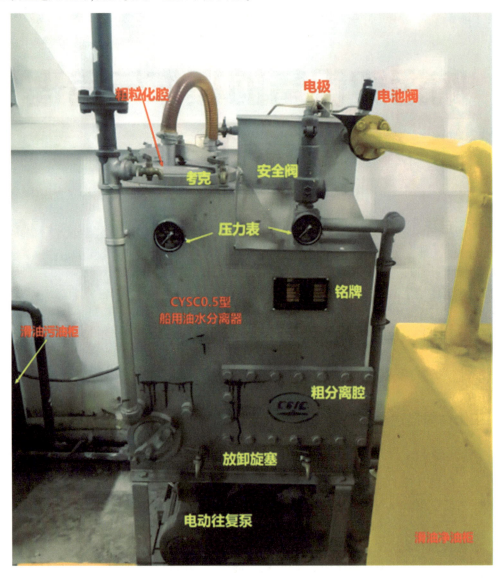

图 6-1　CYSC0.5 型船用油水分离器

(1)起动的检查及准备

①使用油水分离器设备排放前,应征得驾驶台的同意。

②检查油水分离器的线路安装,配套泵的转向是否正常。

③向油水分离器内供水,将顶部空气阀打开,使空气逸出。

④检查油水分离器进出水系统上有无任何泄漏。

（2）运行中注意事项

①调整排除水管路阀开度,保持分离器内有压力,以利于分离器内污油的排除。

②观察压力表、温度表等指示仪表是否正常。

③观察处理后的排水水质和油分浓度报警器的工作情况。

④排放结束后,应继续注入清水运行 15 min,清洗分离器。

⑤停泵后关闭进出口阀,避免筒内清水流失,减少内壁氧化、腐蚀。

⑥每次使用油水分离器排放,均应记录到油类记录簿中。

（3）维护

①定期清洗滤器,打开分离器底部泄放阀,排除沉淀在下部的泥沙、杂质。

②及时清洗分离器内部分离元件,切忌用清洗剂清洗分离器的内壁及元件。

③出现故障时,应查明原因并及时更换失效的聚结元件。

2. 生活污水处理装置

船舶产生的污水主要包括:船舶生活污水(黑水)、灰水以及船舶油污水。

按照公约附则Ⅳ的定义,船舶生活污水主要是指:任何形式的厕所和小便池的排出物和其他废弃物;医务室(药房、病房等)的洗手池、洗澡盆和这些处所排水孔的排出物;装有活着的动物处所的排出物;混有上述定义的排出物的其他废水,船舶生活污水也常被称为"黑水"。而灰水是指除黑水以外的船上产生的其他污水,主要是来自厨房、洗衣房以及盥洗室等处的废水和废物;船舶油污水主要包括船舶正常操作过程中产生的含油压载水、含油洗舱水和机舱水。

由于船舶卫生系统排泄周期比较短,排放的污水比城市排水系统更为新鲜(分解较少),因此污染负荷较高。而且由于人员集中,使得排水水质、水量变化很大,这就对其废水处理工艺提出了较高的要求。

船用生活污水处理装置采用传统活性污泥处理工艺,因其固液分离效率不高、容积负荷低,所以,难以满足越来越严格的污水排放标准。

通过在曝气箱中投入一定数量的多孔悬浮填料,可大大提高反应器中的生物量,改进处理效能、防止污泥膨胀,增强系统运行稳定性及对冲击负荷的抵御能力。通过循环泵的抽吸,经二级生化处理的处理水进入膜组件进行高效的固液分离,固形物、大分子物质等返回曝气箱内,澄清水进入处理箱,通过液位开关的控制排出舷外。处理后的水达到排放标准。

生活污水处理设备箱体采用长方体钢结构,气泵、排放泵、循环泵、电控箱、阀件、膜组件等通过管路与箱体组成整体,结构紧凑。箱体分为曝气箱、沉淀箱、处理水箱。

⊞ 工作流程与活动

1. 油水分离器起动操作。

2. 油水分离器管系操纵。

图 6-2　船用生活污水处理装置

3. 油水分离器维护保养要点。

4. 生活污水的运行管理要求。

5. 生活污水系统的排放标准。

6. 生活污水的维护保养要求。

7. 工作总结与评价。

学习任务 一

油水分离器的操作与管理

 学习目标

1. 能起动油水分离器；
2. 能掌握油水分离器起动前的准备和检查工作；
3. 能掌握油水分离器运行中的管理和检查要点；
4. 能熟记油水分离器实施维护保养要点。

 训练设备

船舶轮机综合实训室油水分离器系统。

 工作情景描述

油污水是指油类以一定数量溶于水中形成的一种油水混合物。

船舶油污水是指船舶在发动、航行过程中不可避免产生的含油水及废水。船舶是油污水产生的主要场所，随意排放油污水会造成水域的污染，破坏海洋、江河、湖泊的生态。为了保护环境、维护水域的生态，国际上设立有相关的公约，国内颁布有相关的法律、法规，用以防止船舶油污水对水域造成污染。

油水分离器在使用中若管理不善，分离性能就会下降，排水中含油量将超过排放标准。甚至将大量污油排出舷外造成污染。因此，必须严格按照各项管理要求使用油水分离器。

油水分离器工作性能不仅仅在实际使用中受到许多因素影响，还与定期的保养维护密不可分。设备的维护保养是不可缺少的，是让设备提高性能、精度、使用寿命，提高工作和经济效益的有效途径。专人定期按照油水分离器的使用说明书进行维护保养，延长设备使用寿命，提高油水分离器的工作效率。若管理不善，分离性能就会下降，甚至造成严重的环境污染，因此，必须严格采取必要措施，按以下要点对油水分离器实施维护保养工作。

课堂训练内容及步骤

训练内容1：油水分离器起动前的准备和检查

（1）使用分离设备和过滤系统排放前，应先征得驾驶员同意，并注意监视海面是否有明显油迹。

（2）检查油水分离装置的水、油、气源系统及电气线路安装是否正确。严禁分离器内无水时起动加热器。

（3）将分离筒顶部空气阀和高位检查旋塞打开，向分离筒内注满清水，注水至水从这些阀流出后，再将空气阀和高位检查旋塞关闭并停止注水。

（4）避免分离器顶部充满空气，否则会导致油位探测器误动作，将自动排油阀打开，大量的污水/清水灌入污油柜。

（5）打开出水、排油、泵前引水管系及吸入清水（海水或淡水）管系上的阀，关闭舱底油污水吸入阀。

图6-3　油水分离器

（6）接通电源，起动配套泵的电机向油水分离装置内供水，查看配套泵的转向是否符合箭头指示方向。此时自动排油指示灯应亮，直至顶部空气阀中有水溢出，表明分离器内已注满水，排油指示灯应自动熄灭。起动污水泵前应先打开舷外排出阀，检查自动排油装置和应急操纵手轮是否处于正常位置。

（7）打开舱底水吸入管系上的阀，然后关闭清水阀，由配套泵将舱底油污水输入分离装置进行分离处理；同时开启监控系统，调整排放水的含油指标为15 ppm，确认监控系统和自动停止排放装置正常，并一直处于运行中。

训练1步骤

指导教师介绍油水分离器的结构。

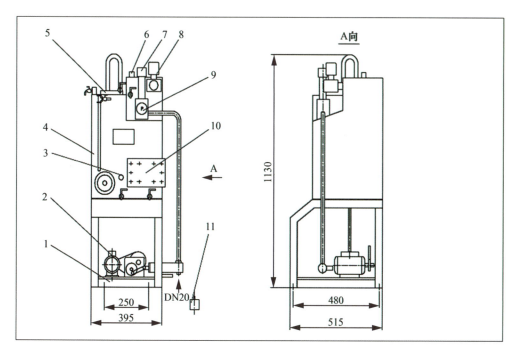

图 6-4

1—底座;2—泵组;3—放泄螺塞;4—本体;5—粗粒化腔;6—电极;7—安全阀;8—电磁阀;9—压力表;10—粗分离腔;11—吸入滤器

(2)指导教师介绍检查油分浓度报警装置。

(3)指定学员检查电气控制箱。

(4)指导学员正确开关油水分离器管系。

(5)指定学员检查运行中的油水分离器。

训练内容 2:油水分离器的运行中管理和检查要点

(1)巡查油水分离器控制箱中的输油泵电控箱、自动排油电控箱及排油监控系统电控箱等。

(2)查看各电控箱能否对相关的用电设备正常供电及控制,相关指示灯能否亮。若电源指示灯不亮,则可能是总配电板或分配电板上油水分离设备电源开关未合闸,或电控箱内保险丝断了。

(3)查看油水分离器本体,确认无严重锈蚀,无锈穿现象;铭牌位置明显,标明的处理能力与证书相符;查看本体上取样口的阀门,保持畅通,开关自如。

(4)查看有无不经油水分离器而直接排往舷外的旁通管路;若有,必须割除。若暂时不具备割除的条件,允许临时用盲板封死。查看管路是否锈蚀严重,有无漏水现象。

(5)检查油水分离器排油监控系统的报警功能。具有自动停止排放功能的油水分离器排油监控系统。

(6)检查油水分离器在超过 15 ppm 时能否使分离器专用配套泵停止运转,或能否使油水分离器排水管路上的三通阀动作。

训练2步骤

（1）指导教师介绍油水分离器的结构。

（2）指导教师介绍检查油分浓度报警装置。

（3）指定学员检查电气控制箱。

（4）指定学员检查运行中的油水分离器。

训练内容3：油水分离器实施维护保养要点

（1）根据说明书检查油水分离器工作压力、额定处理量、泵额定转速，探测配套轴承温度是否在允许范围内。

（2）检查压力表、真空表、温度表是否能正常工作。

（3）超负荷检查，加大供水量，检查低位检查旋塞，水能否流出。若无水流出，查明并排除故障，使其能正常工作。观察出水口水样，若有油迹应停止工作。

（4）看油分浓度报警器的工作情况，视情况手动清洁油分浓度检测装置的玻璃管内壁污物。

（5）定期排放集油室中的空气，防止自动排油装置因存气太多而失灵。

（6）检查自动控制停泵装置、干转保护装置、加热器能否正常工作。检查油水分离器内壁氧化腐蚀情况。

（7）定期清洗分离器内部或调换集结原件，清洗分离元件表面上的沉积黏附物。不能用任何种类的清洁剂清洗油水分离器。

训练3步骤

（1）指导教师介绍油水分离器维护保养工作的重要性。

（2）指导学员查看说明书，了解油水分离器的各工作参数。

（3）指定学员检查油水分离器内、外部的元件的工作运行情况。

（4）指导学员检查自动控制装置、报警器。

（5）指导学员检查内壁氧化腐蚀情况，清洁分离元件表面上的沉积黏附物。

课堂组织

1.事先对学员按5人为1组进行分组。

2.各小组派代表进行课堂发言、示范与交流。

3.按分组情况派代表叙述学习成果，说明本次任务完成情况，并对本小组进行分析总结。

4.指导教师对各组操作进行现场点评。

练习与思考

1. 简述油水分离器的结构、功用。
2. 油水分离器起动前的准备和检查内容有哪些?
3. 简述油水分离器的运行中管理和检查要点。
4. 简述油水分离器实施维护保养要点。

学习任务 二
船用生活污水系统的操作与管理

学习目标

1. 能掌握生活污水的运行管理、维护保养及要求排放标准;
2. 能完成生活污水系统的药物投放;
3. 能培养生活污水系统活性污泥;
4. 能熟记生活污水系统的膜分离装置管理要求;
5. 能熟记生活污水系统的超高液位报警管理要求。

训练设备

船舶轮机综合实训室。

工作情景描述

黑水是指污染物含量较高的冲厕排水,即粪便污水。

灰水是指污染较轻的洗浴、厨房、洗衣等废水。

由于船舶卫生系统排泄周期比较短,排放的污水比城市排水系统排放的污水更为新鲜(分解较少),因此污染负荷较高。而且由于人员集中,使得排水水质、水量变化很大,这就对其废水处理工艺提出了较高的要求。

课堂训练内容及步骤

训练内容 1:船用生活污水的排放标准及船用生活污水的运行管理要求

船舶所排放的生活污水对海洋、河流的污染日益严重。国际上对处理后的生活污水用三个指标来评定,其标准为:生化耗氧量不大于 50 mg/L;悬浮固体量不大于 50 mg/L;大肠杆菌不大于 250 mg/100 ml。如何保证船上的生活污水处理装置处于良好的工作状态以满足以上标准,是船舶管理人员的一项重要工作,也是海事船舶安全检查中经常检查的项目。

船用生活污水的运行管理要求:

(1)生活污水处理装置运行应连续,不能停止供风。对污泥回流管也应定期检查,防止堵塞或泄漏。

(2)每3个月检查曝气池活性污泥浓度,一般保持污水呈巧克力色。检查表面是否有浮渣。

(3)每2~3月用排水泵将曝气室多余活性污泥排放一次,排出量约为75%,但要注意在排放时应停止污水供入 30 min 左右。

(4)及时补充消毒剂,通常每3个月补充一次,按每人每月 20 g 量投放,充量约占药筒的1/4 高度。

(5)装置运行时,控制进入的水量不应超过装置的处理量,不应丢入如破布、棉纱等粗制纤维类物品,以免造成堵塞。

(6)不能用各种化学药品清洗厕所、小便池等,以免杀死微生物。

(7)活性污泥培养,加入新鲜污水至曝气池 3/4 高度,关闭污泥回流阀,起动气泵连续供气 2~3 天,箱内出现活性污泥絮绒,活性污泥培养成熟。

训练1步骤

(1)指导教师介绍生活污水的运行管理要求。

(2)指导教师指定学员阐述生活污水的排放标准。

(3)学员阐述生活污水系统活性污泥培养方法。

(4)学员阐述生活污水系统的药物投放及注意事项。

训练内容 2:初次启用操作

(1)检查控制箱内元器件确认正常,接通电气电源,检查各指示灯显示是否正常;确认泵的旋向是否正确;转换泵、风机至手动位置。

(2)检查送气泵(即风机)的油质及油量(保持在观察镜的上下限之间),清扫空气滤网(适用时)。

(3)根据装置具体结构和形式的不同,正确开关相应阀件,一般要求开反冲洗阀,关闭曝气风机阀件。

(4)关闭污水入口阀,使便器流出的污水不流入生活污水处理装置,打开冲洗水的入口阀,向系统注入清水,直至高位水满。

(5)打开空气提升阀,关闭逆洗阀。起动曝气风机往各接触氧化槽内送风(注意确认风机旋向是否正确)。

(6)观察曝气风机曝气状态,检查装置各管系、阀件等有无泄漏。确认装置正常后,转换风机、泵至自动位置,装置自动运行。

(7)逐步引入生活污水,开始培养菌种,好氧菌的培养时间主要与污水浓度、环境温度和曝气状况有关,一般培菌时间为 7~15 天(环境较为合适时),在菌种培养成功以前只能排放至生活污水储存柜,不得直接对外排放。

图 6-5　船用生活污水处理装置

训练内容 3：船用生活污水系统的保养要点

船舶生活污水处理系统配有全自动电气控制系统，运行安全可靠，平时一般不需要管理，只需适时地对设备进行维护和保养。

船用生活污水处理设备使用前必须检查该设备系统的电器是否正常，风机机油是否符合要求。生活污水处理设备必须建立一套定期的保养制度，风机不能逆转，定期检查风机机油，风机进气口经常清理。风机、水泵每运行 5 000 h 保养一次。

（1）打开曝气箱人孔，检查底部曝气装置和填料，确保为细菌提供氧气，可使新进污水与箱内污水有效混合。

（2）定期通过透明返送管观察污泥返送情况，确保活性污泥在沉淀箱内沉淀，并通过空气提升管返回到曝气池。

（3）检查膜分离装置自动反冲洗功能，反冲洗介质采取 0.4 MPa 的压力空气。防止污泥在膜表面的沉积，减少膜污染。

（4）定期通过处理水箱取样口取样，化验。处理水箱中处理水达到一定量时，用排放泵将合格处理水排至舷外。

（5）检查排放泵的工作状态，高位起动泵，低位停泵。手动/自动操作正常切换。排放泵排出压力为 0.15 MPa，排量为 10 m^3/h。

（6）检查两台空气泵是否能正常工作，一台工作，一台备用，且能手动转换。

（7）检查循环泵工作情况，可手动/自动转换。通过初级处理水箱上的液位开关能自行控制高位起动泵、低位停泵。

（8）检查初级处理水箱超高液位报警，当水箱液位达到超高液位时，系统应能正常报警并起动排放泵。

训练2步骤

（1）指导教师介绍生活污水的组成结构。
（2）指导教师指定学员阐述生活污水的维护保养要点。

课堂组织

1.事先对学员按5人为1组进行分组。
2.各小组派代表进行课堂发言、示范与交流。
3.按分组情况派代表叙述学习成果，说明本次任务完成情况，并对本小组进行分析总结。
4.指导教师对各组操作进行现场点评。

练习与思考

1.船用生活污水的排放标准。
2.船用生活污水的运行管理要求。
3.船用生活污水系统的保养要点。

工作总结与评价

学习目标

1. 能结合自身任务完成情况,正确规范撰写工作总结;
2. 能按分组情况,分别派代表叙述工作成果,说明本次任务完成情况,并对本小组进行分析总结;
3. 能就本次任务出现问题,提出整改措施;
4. 能对本次工作进行反思,并能与他人交流,总结工作经验。

学习过程

1. 个人自我评价

2. 小组评价

3. 教师评价

(1)教师对各组完成优点进行评价:

(2)找出各组完成的缺点,提出改进方案:

(3)对整个任务完成的亮点和缺点进行点评:

4. 评价与分析表

班级：	组别：	姓名：

小组成员：

项目	自我评价(10%)			小组评价(20%)			教师评价(70%)		
	8~10	6~8	1~5	8~10	6~8	1~5	8~10	6~8	1~5
学习任务(　)									
学习任务(　)									
学习任务(　)									
学习任务(　)									
学习任务(　)									
安全文明									
规范操作									
协作精神									
纪律观念									
工作态度									
学习主动性									
工作完成质量									
小　计									
总　评									

班级：	组别：		姓名：					
小组成员：								
项目	自我评价（10%）			小组评价（20%）			教师评价（70%）		
	8~10	6~8	1~5	8~10	6~8	1~5	8~10	6~8	1~5
学习任务（ ）									
学习任务（ ）									
学习任务（ ）									
学习任务（ ）									
学习任务（ ）									
安全文明									
规范操作									
协作精神									
纪律观念									
工作态度									
学习主动性									
工作完成质量									
小　计									
总　评									

参考文献

［1］韩雪峰,陈文彬.船舶动力装置［M］.大连:大连海事大学出版社,2016.

［2］吕凤明.动力设备拆装与操作［M］.大连:大连海事大学出版社,2005.

［3］宿靖波,严峻.机舱管理［M］.大连:大连海事大学出版社,2010.

［4］韩雪峰,陈文彬,张瑜.船舶动力装置［M］.大连:大连海事大学出版社,2020.